东北全面振兴 辽宁三年行动研究丛书

辽宁省重点主题出版扶持项目

U0674786

消费引领·振兴突破

沈阳、大连建设国际消费中心城市

程巍

钟琼　程丞　著

东北财经大学出版社

Dongbei University of Finance & Economics Press

大连

图书在版编目（CIP）数据

消费引领·振兴突破：沈阳、大连建设国际消费中心城市 / 程巍，钟琼，程丞
著 . 一大连：东北财经大学出版社，2025.7. — （东北全面振兴·辽宁三
年行动研究丛书）. —ISBN 978-7-5654-5675-6

Ⅰ . F299.273.1

中国国家版本馆 CIP 数据核字第 2025JN8615 号

消费引领·振兴突破：沈阳、大连建设国际消费中心城市

XIAOFEI YINLING·ZHENXING TUPO：SHENYANG、DALIAN JIANSHE
GUOJI XIAOFEI ZHONGXIN CHENGSHI

东北财经大学出版社出版发行

大连市黑石礁尖山街217号　邮政编码　116025

网　　　址：http://www.dufep.cn

读者信箱：dufep@dufe.edu.cn

大连金华光彩色印刷有限公司印刷

幅面尺寸：170mm×240mm　字数：169千字　印张：15.5

2025年7月第1版　　　　　　　　　　　2025年7月第1次印刷

责任编辑：李　季　刘　佳　田玉海　吉　扬　　　责任校对：石建华

封面设计：张智波　　　　　　　　　　　版式设计：原　皓

书号：ISBN 978-7-5654-5675-6　　　　　定价：55.00元

教学支持　售后服务　　联系电话：(0411) 84710309

版权所有　侵权必究　　举报电话：(0411) 84710523

如有印装质量问题，请联系营销部：(0411) 84710711

前 言

在全球经济深度变革与消费格局重构的"双循环"时代，全方位扩大国内需求拉动消费，是我国当前及未来"十五五"时期提振经济、带动社会发展的重中之重。2025年3月16日，中共中央办公厅、国务院办公厅印发了《提振消费专项行动方案》，从消费的供给端到需求端两边同时发力，标志着消费正成为经济增长的主要拉动力。建设国际消费中心城市是重塑全球价值链、引领消费革命的重要战略支点。

当前，国际消费中心城市率先以"消费+科技+服务"的三维创新范式，正在重新定义城市经济的底层逻辑。国际消费中心城市不仅成为全球消费资源的配置中枢，更是新消费理念的策源地、消费科技的试验场和消费文化的传播地。从纽约第五大道的全息购物体验到东京银座的碳中和商业实践，从上海"首发经济"引领的消费升级到迪拜"未来零售城"构建的沉浸式消费场景，全球标杆城市正通过消费能级的跃迁，驱动着产业链、创新链与价值链的协同进化。

在数字经济与绿色革命的双重催化下，国际消费中心城市已超越传统"购物天堂"的单一维度，演变为聚合新型消费基础设施、培育未来消费业态、重构全球消费规则的超级枢纽。我国"培育建设国际消费中心城市"的战略部署，正是把握全球消费市场趋势的主动作为，通过打造具有全球辐射力的消费磁场，既服务于国内大循环的提质扩容，又为国际循环注入新动能。消费的边界正从物质商品向数字消费、服务消费拓展，从即时满足向全生命周期延伸，国际消费中心城市的建设本质上是一场关于未来生活方式的全球竞合。

沈阳与大连作为东北振兴的核心引擎，以建设国际消费中心城市为抓手，通过三年系统性攻坚，探索出一条"工业文明升级转型+海洋经济高度赋能+区域联动协同共振"的特色发展路径。这场深刻的城市功能变革，不仅重塑了东北地区的消费生态，更成为国家构建新发展格局的东北实践样本。两市三年的全面振兴新突破取得如下成效。

一是构建开放型消费政策体系。沈阳与大连在政策支持方面不断完善，为国际消费中心城市的建设提供了坚实的制度保障。沈阳制定了《沈阳市培育建设国际消费中心城市三年行动计划（2021—2023）》，确定了建设国际国内时尚消费集聚地等五项具体创建目标，2022年制定了《2022年沈阳市培育建设区域性国际消费中心城市行动方案》，提出了城市消费商圈升级、国际物流通道建设等八大专项行动。大连在2023年政府工作报告中明确提出加快建设国际消费中心城市，并在2024年实施了一系列政策，加大培育线上商贸和规上服务业企业力度、推动新型消费发展、提振大宗消费等。这些政策的落地实施，为两地消费市场的繁荣提供了有力的制度支撑。

　　二是强化全球资源配置能力。沈阳、大连在商业转型升级上持续发力，不断提升全球资源配置能力。沈阳推动传统商业与新兴业态融合，积极发展数字化智慧商业，激发电商零售市场活力，增加航线、加大中欧班列组织力度，开拓境外消费市场。同时，发展会展经济，办好制博会、辽洽会等品牌展会，努力建设东北亚会展名城。大连作为东北亚国际航运中心和东北海陆大通道的关键节点，成为东北亚区域开放合作的前沿阵地，金州建设世界最大的海上机场，邮轮经济成为"新蓝海"；持续推进西安路、中华路、俄罗斯风情街等重点标志性商圈的升级，东关街活化利用全面运营，完成天津街国家级示范步行街验收。此外，积极培育新型消费业态，发展"首店经济""日韩商品集散地"。甘井子区商业综合体华南万象汇开业，首店、独家店占全场店铺的59%。两地通过产业升级，不断提升商品消费和服务消费品质，满足消费者多样化的消费需求。

　　三是创新消费场景，激活本土资源消费价值。沈阳与大连在消费场景方面积极探索，充分激活本土资源的消费价值。沈阳改造升级老商业街区，打造特色消费商业，形成精品消费承载地、国际化时尚消费引领区，如东北首座沈阳环球港动感城10万+体育综合体，以体育赛事引领"首发经济"，成为辽宁文体旅融合发展示范地的排头兵。同时，推动夜间消费业态多元融合发展，培育打造中街、老北市等夜经济示范街区等多处特色夜经济消费场景。大连则打造特色消费场景，如长山群岛被评为国家级旅游度假区、开展高端体育赛事、"港东五街"火爆全网。两地通过创新消费场景，提供了更加丰富的消费体验，激发了消费潜力。

　　四是区域协同打造一体化消费市场。沈阳加强对都市圈的带动作用，与周边城市合作共同推动辽宁沿海经济带协同发展，通过协同机制深化制度型开放，推动事项实现"区域通办"，为东北全面振兴构建高效能开放平台。大连发挥辽宁沿海经济带引领作用，六市协同持续走深走实，50个事项实现"区域通办"，以制度创新赋能沿海经济带一体化发展。两地通过区域协同，实现了资源共享、优势互补，并积极推动东北海陆大通道建设，共同促进了东北亚消费市场的繁荣。

　　这场历时三年的东北全面振兴攻坚战，重塑了东北经济的底层逻辑，一个更具开放性、创新性和辐射力的东北亚消费中心正在崛起。沈阳、大连以消费重构城市基因的实践，不仅为东北振兴注入新活力，更探索出东北老工业基地融入全球消费版图的创新路径，这不但是老工业基地转型的突围之路，更是中国在全球化变局中重构消费话语权的战略落子。

程巍

2025 年 4 月

目　录

第 1 章
国际消费中心城市概述

1.1 建设国际消费中心城市的背景

近几年，在全球经济面临衰退压力、国际局势充满不确定性的大环境下，我国一方面提出着眼于国内的发展战略，激活自身需求，另一方面谋求新的国际化通道，以提升对于外部环境变化的抗风险能力。党的二十大报告指出，要着力扩大内需，增强消费对经济发展的基础性作用。我国超大规模市场的消费潜力和投资潜力还没有得到充分释放，特别是发生新冠肺炎疫情（以下简称疫情）以来，虽然采取了种种措施，但总需求不足问题依然突出，消费对经济增长的支撑作用发挥得还不够充分。2023年1月，习近平总书记在二十届中央政治局第二次集体学习时强调，要搞好统筹扩大内需和深化供给侧结构性改革，形成需求牵引供给、供给创造需求的更高水平动态平衡，实现国民经济良性循环。2024年2月，习近平总书记主持召开二十届中央财经委员会第四次会议时强调，"要鼓励引导新一轮大规模设备更新和消费品以旧换新"；3月，国务院印发《推动大规模设备更新和消费品以旧换新行动方案》，对实施设备更新、消费品以旧换新、回收循环利用、标准提升四大行动作出具体安排；7月，国家发展改革委、财政部联合印发《关于加力支持大规模设备更新和消费品以旧换新的若干措施》，统筹安排3 000亿元左右超长期特别国债资金，专项用于国家重大战略实施和重点领域安全能力建设，随着"两新""两重"政策持续发力，政策效能加速释放，有效激发了内需潜力。

2024年12月召开的中央经济工作会议指出，当前外部环境变化带来的不利影响加深，我国经济运行仍面临不少困难和挑战，国内需求不足，部分企业生产经营困难，风险隐患仍然较多。会议强调，做好2025年经济工作，要实施更加积极有为的宏观政策，扩大国内需求，更加注重惠民生、促消费、增后劲。这意味着，在当下和未来一段时间，扩大内需、促进消费是推动实现国民经济良性循环的根本保障，更是我国经济持续健康发展的关键所在。

1.1.1 从百年未有之大变局看我国所处历史方位

2020年，中共中央首次提出"构建以国内大循环为主体、国内国际双循环相互促进的新发展格局"，在努力打通国际循环的同时，向以国内大循环为主转变，进一步畅通国内大循环，提升经济发展的自主性、可持续性，增强韧性，保持我国经济平稳健康发展。这是中国作为世界第二大经济体、拥有超大规模市场、在遭遇百年未有之大变局情况下，应对错综复杂的国际环境变化作出的重要战略决策。

从国际大环境来看，出现百年未有之大变局，全球经济处于长周期的探底阶段。世界政治格局阴晴不定、战争频发，主要经济体复苏乏力。西方主要国家民粹主义盛行、贸易保护主义抬头，经济全球化遭遇逆流。特别是西方国家对我国进行各种遏制打压，抵制我国外贸出口，导致外需增长的势头逐步回落。2021年，我国出口21.73万亿元，比上年同比增长21.2%；2022年，出口23.97万亿元，同比增长10.5%；2023年出口23.77万亿元，同比下降0.8%。2024年，我国货物贸易进出口总值43.85万亿元，同比增长5%。其中，出口25.45

万亿元，同比增长 7.1%；进口 18.39 万亿元，同比增长 2.3%。全球总需求增长放缓以及国内劳动力成本优势消退，也使得出口对经济增长的拉动力减弱，加速了中国经济内外循环结构调整的进程。因此，我国必须顺势而为调整经济发展结构及发展路径。

与此同时，随着我国经济持续增长和人均收入不断提高，城乡居民收入差距不断缩小，中等收入群体规模不断扩大，人们对美好生活的向往更加强烈，积累起了巨大的内需潜力，亟待通过扩大消费来激活。建设国际消费中心城市是对我国所处历史方位最清晰的认识，以及稳固消费对经济基础性作用的最佳抓手。

1.1.2 消费成为经济出现拐点的主力支撑

在全球经济增长动能转换与国内发展模式转型的历史性交汇期，我国经济的结构性拐点已经出现。这一拐点的核心特征在于经济增长动力从要素投入驱动转向内需创新驱动，而消费在此过程中完成了从"跟随变量"到"主导力量"的质变。这种转变并非简单的规模扩张，而是消费在宏观经济系统中的角色重构——它既是需求侧升级的直观表现，又是供给侧变革的核心牵引，更是经济系统运行效率提升的枢纽节点。

（1）消费升级与产业演进的正反馈循环

消费市场的深度分化正在重塑产业竞争格局。新能源汽车的爆发式增长即为典型案例。消费者对智能化、网联化的需求倒逼传统车企转型，催生车载芯片研发增加投入强度，直接带动半导体产业链上游的 12 英寸晶圆厂建设速度加快。在深圳-东莞产业带，消费电子企业研发人员密度较高，形成全球罕见的"需求洞察—技术研发—量产应用"快速闭环能力。

服务消费的崛起重构了城市经济地理。2023年，中国居民人均服务性消费支出占居民人均消费支出的比重达45.2%，比上年增长14.4%，这种结构性转变推动生产要素向高附加值领域集聚。成都"医美之都"建设过程中，医疗美容服务机构数量五年连续增长，吸引华东医药、爱美客等企业将研发中心西迁，形成从玻尿酸原料生产（华熙生物）到终端服务（八大处整形医院）的垂直整合产业链。这种"消费场景创造产业生态"的模式，使服务业全要素生产率得到提升。

（2）数字技术对消费能级实现指数级放大

消费数字化正在突破传统市场边界。2023年，直播电商交易规模达到4.9万亿元，同比增长35.2%。其中，下沉市场在直播电商中占有重要地位，激活了县域消费潜能。快手"信任电商"模式通过算法匹配区域供需，重构了农产品价值链分配机制。这种"数字平权"效应推动农村居民人均消费支出增速连续三年超过城镇居民，城乡消费差距逐渐缩小。

数据要素的流通催生新型消费范式。杭州"城市大脑"通过实时分析消费者行为数据，动态调整商业设施布局，优化资源配置，提升商业运营效率。社区便利店的补货频次和库存周转效率显著提高，有效满足了居民的日常消费需求。上海数字人民币试点覆盖超过140万个消费场景，涵盖了线上线下众多领域，财政资金乘数效应扩大。这种技术赋能使消费市场的资源配置效率突破"物理空间约束"，形成"需求即时响应-资源动态重组"的消费弹性网络。

（3）制度创新与消费文明的共生演进

消费制度变革释放出结构性红利。海南自贸港"免税购物+离岛邮寄"政策创新，不仅为消费者提供了更大的灵活性和便利，更倒逼海关监管体系升级。应用区块链技术的"溯源标签"使商品通关时间大大缩短，该模式已被东盟国家采纳为跨境电商标杆方案。北京环球影城引入"分时定价"机制，通过价格信号分流部分峰值客流，为文旅产业供需动态平衡提供制度样本。

消费文化升级重构社会价值认同。国潮品牌的兴起超越了简单的商品替代，成为文化自信的物质载体。安踏近年通过国潮联名将传统文化元素融入产品设计；故宫通过数字化技术将文物纹样转化为可交易的数字资产，并授权开发衍生品，覆盖彩妆、家居、服饰等领域。这种"文化解码—商业编码—价值输出"的链条，契合Z世代对社会责任和文化输出的关注。

（4）消费话语权重构全球价值链

中国消费革命正在改写全球产业规则。SHEIN的实时供应链系统可做到每日上新5 000款服装，将传统时尚产业6个月的设计周期压缩至7天，这种"超快时尚"模式迫使ZARA将产品迭代速度加快2~3倍。宁德时代通过消费者对长续航电池的需求反馈，主导制定动力电池CTP3.0国际标准，使中国在电动车产业链的话语权从制造端延伸至标准端。实践证明，消费市场的规模优势正在转化为规则制定优势，形成"需求定义技术路线—技术塑造产业标准—标准重构全球分工"的传导链条。

国际消费中心城市的消费集聚效应重塑全球经济地理。上海"首发经济"吸引苹果提高在沪全球新品同步上市率，迫使供应链企业将研发中心东移。成都国际美食之都建设推动郫县豆瓣出口量增长，带动ISO将川菜调味品标准单列。"消费势能—产业动能—规则赋能"的递进，使中国城市成为全球价值链的"再中心化"节点。

综上所述，消费已不仅是GDP核算中的统计项目，而且已演变为重组生产要素、重构产业逻辑、重塑文明形态的战略支点。其转变的本质，是市场力量在资源配置中决定性作用的真正实现，是人口规模优势向创新优势转化的关键一跃，更是中国经济突破传统增长天花板的核心密钥。在这个意义上，消费驱动的拐点不是周期性的波动调整，而是发展范式的根本变革，国际消费中心城市建设的影响深度将决定未来的全球经济版图。

1.2　建设国际消费中心城市的意义

在全球经济治理体系加速重构与国内高质量发展诉求深度耦合的背景下，国际消费中心城市建设这一实践不仅承载着扩大内需、促进循环的经济使命，更通过技术赋能、文化输出与规则竞争等多重路径，重塑国家在全球经济版图中的战略位势。建设国际消费中心城市的核心价值体现为经济、科技、文化、国际竞争四大维度的系统性突破。

经济维度上，作为国内大循环的核心节点与国际循环的门户枢纽，国际消费中心城市通过消费要素的全球化配置，推动供需两侧结构性改革，验证了超大规模市场优势向全要素生产率提升的转化路径。科技维度上，其以场景创新驱动技术，实现产业协同跃迁，成为数字经济时代技术商业化的关键试验场。文化维度上，通过消费空间的价值编码与符号生产，构建文化软实力的新型传播范式。国际竞争维度上，依托制度型开放探索，深度参与全球消费治理规则重构。

基于全球价值链理论、新结构经济学与空间生产理论，本书系统阐释上述四维价值的实现机制，即在经济循环层面，揭示消费集聚对产业链现代化的倒逼效应；在技术创新层面，论证场景驱动型创新对技术轨道的修正作用；在文化传播层面，解构消费空间对文化认同的建构逻辑；在规则竞争层面，剖析制度试验对全球治理话语权的提升路径。

1.2.1 经济维度：构建新发展格局的核心支点

国际消费中心城市建设是我国经济从高速增长转向高质量发展的重要抓手。2024年，我国全年社会消费品零售总额为48.8万亿元，消费对经济增长贡献率为44.5%，而纽约、伦敦等国际消费中心城市消费贡献率长期稳定在70%以上，这表明消费驱动型经济模式具有很强的可持续性。上海2024年社会消费品零售总额为1.79万亿元，这种超大规模市场的形成，本质上是通过消费要素的全球配置实现，作为国内外品牌首店、首发、首展、首秀的集聚高地，上海新增各类首店1 269家，其中高能级首店占比达17%，首店经济带来的消费增量超过600亿元。

消费升级对产业创新的倒逼效应显著。深圳华强北作为全球知名的电子产业聚集地，近年来依托消费需求升级加速向高端制造转型。

大疆创新等头部企业研发投入强度超 12%，推动无人机、服务机器人等产品迭代周期缩短至 9~12 个月。以骨传导耳机领域为例，根据 Counterpoint 的数据，韶音科技 2023 年全球市场份额达 47.6%，成为细分赛道领军者。这种"需求牵引供给"模式的成效显著，2023 年深圳市新一代信息技术产业增加值达 5 717.12 亿元，同比增长 3.1%，占全市地区生产总值比重提升至 16.5%，凸显消费升级对产业能级跃升的强劲驱动力。

服务消费的崛起正在重构城市经济版图。成都以"三城三都"——"世界文创名城、旅游名城、赛事名城和国际美食之都、音乐之都、会展之都"建设为抓手，通过举办大运会、世园会等国际活动及常态化开展美食节、音乐节等文化体验项目，推动消费结构升级。2023 年，成都跨境电商交易额首次突破千亿元，2024 年，数字经济核心产业增加值占地区生产总值比重在 15% 以上。其"太古里+大慈寺"文商旅融合模式通过历史街区与现代商业的有机互动，成为城市消费地标，带动春熙路商圈社会消费品零售总额突破千亿元。消费场景的创新与产业升级助力成都在科尔尼《2024 年全球城市指数报告》中全球综合排名升至第 79 位，较 2023 年上升 4 位，并首次进入全球城市前 50% 的第二梯队，位列中国内地城市第 8 名。

在区域协同方面，国际消费中心城市正在发挥"增长极"作用。长三角一体化发展统计监测办公室数据显示，2023 年长三角区域发展指数达 132.6，其中协调共进指数提升至 130.2，反映出基础设施互联互通与产业协同的深化。上海作为核心引擎，2023 年实现社会消费品零售总额 1.85 万亿元，占长三角总量的 15.8%，并通过自贸区制度创新带动区域跨境贸易额达15.17万亿元，占全国36.3%。杭州、苏州等城市则依托"数字经济+制造转型"形成差异化优势。杭州数字经济占地区生产总值比重达28.3%，苏州外资企业累计使用外资超1 600亿美元，形成高端制造与开放经济的"双轮驱动"。区域协同机制方面，长三角C9联盟推进"楼宇经济品牌推广""老字号创新发展"等十大共建项目，加速消费资源跨域整合。这种"核心引领-多点支撑"的协同格局成效显著。2023年，长三角社会消费品零售总额达12.2万亿元，按GDP占比40%估算，占全国比重约24.4%；进出口总额15.17万亿元，占全国36.3%，区域经济总量突破30.5万亿元。若以日本2023年GDP约4.3万亿美元（折合人民币30.8万亿元）为参照，长三角经济总量已与日本全国经济规模基本持平，凸显其作为世界级城市群的综合实力。

1.2.2　科技维度：数字化转型的前沿试验场

　　国际消费中心城市建设正在加速科技与商业的深度融合。北京SKP-S商场作为全球首个"艺术+科技"主题商业体，通过AI虚拟助手、全息投影货架等技术重构消费场景，2023年销售额突破265亿元，连续三年蝉联全球"店王"。这一创新实践不仅验证了技术赋能的商业价值，更体现了对"人-货-场"关系的重新定义。以天猫为例，2023年推出的VR版"双11"会场，支持消费者通过XR设备进行3D沉浸式购物，用户可虚拟试穿服装并参与红包雨互动，这一模式显著提升了用户参与度和转化率。此外，居然之家与微软合作打造的混合现实家居卖场，通过ID家系统实现家居产品的3D虚拟展示，顾客可实时查看商品在真实家居环境中的效果，极大简化了决策流程。小米SU7的"虚拟试车"功能让用户在家即可完成车型配置、颜色选择等深度交互，决策效率提升40%。实践表明，以5G、XR和数字孪生为核心的科技应用，正在从底层重构商业逻辑。这一趋势不仅印证了"第四次科技革命"对消费领域的深远影响，更揭示了技术驱动下城市商业效率跃升的必然路径。

新型消费网络正在形成。杭州"城市大脑"系统通过整合多源数据优化城市商业布局，杭州市数据资源管理局2023年数据显示，其"便捷泊车"场景应用已覆盖全市2 300余个停车场，动态优化了商业网点布局，使社区商业设施可达性更强。深圳依托前海国家战略平台优势，开展数据特区建设探索，实现粤港澳消费数据安全流动，支撑跨境电商交易持续增长。

消费需求正成为科技创新的核心驱动力。华为在智能座舱系统研发中强调"以用户为中心"的理念，消费者对车载场景的交互体验需求直接推动了AR-HUD（增强现实抬头显示）、多屏协同等功能的开发。大疆农业无人机团队通过实地走访农场主，优化植保无人机的喷洒精度与作业效率。以需求为导向的创新机制成效显著，根据世界知识产权组织（WIPO）的数据，2022年中国通过《专利合作条约》（PCT）提交的国际专利申请量达7.0万件，连续四年位居全球第一，占全球总量的25.7%，其中消费电子、人工智能等领域占比超三成。

1.2.3 文化维度：国家软实力的空间载体

国际消费中心城市建设本质上是文化话语权的空间争夺。成都

"熊猫经济"的产业化路径具有典型意义：通过"熊猫+科技"全息互动体验馆、"熊猫+时尚"国际设计师联名款、"熊猫+美食"三星堆青铜面具雪糕等创新，将文化符号转化为现象级文旅消费IP。文化创新力助推成都连续四年（2021—2024年）入选《中国城市海外影响力分析报告》国际传播力指数前十强，成都打造"GoChengdu"海外亿级传播，让海外受众通过成都故事读懂中国、读懂中国式现代化。目前，"GoChengdu"海外社交媒体账号覆盖脸书（Facebook）、照片墙（Instagram）、X及优兔（YouTube）等平台，粉丝近100万，成为讲好中国故事的鲜活载体。

消费空间正在成为文化传播的新型介质。西安大唐不夜城通过"沉浸式唐文化体验"，街区年均客流量从初期不足千万攀升至2024年的7 475万人次，提升至单日最高客流量达84.7万人次，其标志性互动表演"不倒翁小姐姐"成为抖音热门，带动全国汉服旅拍热潮。2024年，仅西安汉服产业综合消费规模就已达16亿元，涵盖租售、妆造、文创等衍生业态。这种"空间即媒介"的传播效应，使得西安在科尔尼《2024年全球城市指数报告》中排名首次进入前100，位列中国内地城市第12名。

生活方式输出正在重塑国际认知。北京环球影城引入"功夫熊猫"主题园区时，创新加入太极教学、中医体验等中国元素。据园区运营方披露，开园首年该区域游客满意度达93%，带动二次消费占比提升至园区总收入的35%。上海进博会设立的"非物质文化遗产专区"，推动苏绣、景泰蓝等传统工艺产品出口额增长，证明文化消费可以突破"低附加值陷阱"。

在价值观层面，消费创新正在传递新发展理念。深圳碳排放权交易中心推出的"个人碳账户",将绿色消费行为转化为碳积分,可兑换地铁票、公园门票等公共服务,这种制度设计提高了居民低碳消费参与度。成都"公园城市"建设中将生态价值转化为消费场景,创造了"绿水青山"变现的新范式。

1.2.4 国际竞争维度:全球化新秩序的参与平台

国际消费中心城市建设正在改变全球价值链分配格局。海南自贸港通过"免税购物+离岛邮寄"政策创新,据海口海关统计,2023年,海南离岛免税销售额达580亿元,同比增长19%,其中"邮寄送达"业务占比提升至21%。消费市场的规模优势与政策创新叠加,增强了中国在全球奢侈品市场的话语权。LVMH集团2023年财报显示,中国市场贡献其全球销售额的30%,较2020年提升8个百分点,并推动其加快在华新品首发节奏,旗下产品将2024早春系列全球首秀落地上海浦东美术馆。

国际消费中心城市建设正在重构区域经济格局。重庆依托中欧班列(成渝)通道优势,打造内陆国际物流枢纽。据重庆市物流与供应链协会统计,中欧班列常态化运营使欧洲至重庆的全程运输时间压缩至16天左右,较传统海运节省约20天,推动综合物流成本降低约30%。通道效应吸引雅诗兰黛集团在重庆设立中国西部首个分拨中心。成渝地区双城经济圈的开放能级持续提升,据海关总署统计数据,2023年,重庆、四川合计实现进口额6 143.5亿元,较2018年增长187%,形成以电子信息、汽车零部件为核心的进口商品结构,凸显"陆海内外联动"的新开放格局。

在全球治理层面,国际消费中心城市成为制度型开放的试验田。广州南沙实施的"跨境消费争议在线仲裁机制"，实现粤港澳三地法律文书互认，处理效率大大提升。北京数字贸易港试行的"数据跨境流动负面清单"，为CPTPP数字贸易规则谈判提供了实证案例。

第 2 章
国际消费中心城市的理论研究

2.1 国际消费中心城市的定义与特征

2.1.1 国际消费中心城市的定义

（1）国外关于消费中心城市的界定

关于消费中心城市的理论建构，国际学术界形成了渐进式的研究脉络。在理论溯源层面，德国社会学家马克斯·韦伯于1920年在其经典著作《非正当性的支配——城市的类型学》中，开创性地提出城市功能分类体系，将城市划分为消费型、生产型和商业型三类。后续研究中，美国经济学家爱德华·格莱泽在2001年突破性地将消费要素置于城市发展的核心地位。他系统阐释了消费舒适性理论，指出在城市化进程中，居住地选择标准已从生产就业要素转向消费体验品质。这种转变源于知识经济时代下生产布局的弹性化特征，同时强调思想碰撞产生的创新效应对城市发展的驱动作用，尤其是文化活动的磁吸效应对于人才集聚的显著影响。值得注意的是，格莱泽在2012年进一步深化研究视角，从人口动态维度提出消费机会理论。该理论突破传统经济学中工资导向的人口迁移模型，揭示出城市消费供给质量对高素质人才驻留与回流的决定性作用。这种由消费驱动的人力资本提升机制，实质上构建了消费能力与城市生产效率的正向循环系统。美国社会学家特里·克拉克通过跨国比较研究，系统论证了后工业时代城市发展范式的根本转变。基于对全球主要都市的实证分析，提出"娱乐机器"理论模型，揭示出休闲娱乐产业对城市竞争力的重塑作用。该理论强调现代城市已演化为复合型消费载体，其发展动能从传统的工业生产体系转向综合消费体验的供给能力，标志着消费主义对城市空间价值的再定义过程。

（2）国内关于消费中心城市的界定

①国际消费中心城市。2021年3月，"培育建设国际消费中心城市"正式纳入国家"十四五"规划与2035年远景目标纲要，标志着该战略从学术探讨上升为国家层面的制度安排。同年7月启动的上海、北京、广州、天津、重庆五城市试点工程，实质上是构建新发展格局的空间载体创新，通过赋予核心城市消费枢纽功能，在全球化变局中探索"内需驱动、开放引领"的新型发展范式。该战略的深层价值体现在三个维度：其一，在宏观层面重构经济循环体系，通过消费能级跃升打通供给侧结构性改革与需求侧管理的协同通道；其二，在中观层面重塑城市功能定位，推动特大城市从传统生产要素集聚中心向全球消费资源配置中心转型；其三，在微观层面再造市场运行机制，依托制度型开放试点培育消费新业态与商业模式。从马歇尔集聚理论视角审视，上述五城市试点实质是在特定空间单元内系统集成消费领域的规模经济效应、专业化分工效应与知识溢出效应，形成具有中国特色的消费集聚发展模式。随着战略实施的深化，试点城市将成为链接国内国际市场的新型枢纽，通过消费升级牵引产业链现代化，最终构建起更具韧性、更可持续的国民经济循环系统。

②区域性消费中心城市。2019年，商务部等14个部门联合印发的《关于培育建设国际消费中心城市的指导意见》中，首次提出了"区域性消费中心城市"的概念，其是指在一定区域内，具有显著消费特征、高度商业聚集、丰富消费场景，并能对周边地区产生较强辐

射和带动作用的城市。意见强调，要推动形成一批各具特色、辐射周边国家及地区的区域性消费中心城市，使其成为提升城市发展水平、发挥中心城市引领作用、促进区域协调发展的重要引擎，推动消费升级、增强消费对经济发展的基础性作用、畅通国内大循环的重要载体，成为推动高水平开放、促进内外需协调发展、畅通国内国际双循环的重要枢纽。

③特色型消费中心城市。由仲量联行、21世纪经济研究院联合发布的《国际消费中心城市建设年度报告（2023）》，将全国29座城市纳入评测范围，评选指标包括城市综合竞争力、城市国际影响力、文旅消费吸引力、赛事展演影响力、消费场景营造力、零售资产表现力、零售资源聚合力和消费韧性恢复力等，并将成都等9座城市评为特色型消费中心城市。特色型消费中心城市是指在某一地区内，以当地独特的文化、历史、地理等资源为基础，通过整合各类商业资源，形成具有鲜明地域特色和较高消费吸引力的消费中心城市。

特色型消费中心城市通常具有以下特点：一是具有鲜明的地域特色。地方特色消费中心城市以当地独特的文化、历史、地理等资源为基础，形成具有浓郁地域特色的消费氛围。二是具备强大的消费吸引力。通过整合各类商业资源，提供丰富多样的特色消费选择，具有较强的消费吸引力。三是具有经济发展推动力。特色型消费中心城市的发展不仅能够带动当地相关产业的繁荣，还能为当地经济发展注入新的动力。特色型消费中心城市对于提升城市形象、促进经济发展、满足消费需求具有重要意义。未来，随着消费升级和城市化进程的加速推进，特色型消费中心城市将迎来更加广阔的发展空间。

下面对国际消费中心城市进行探讨。关于国际消费中心城市的内涵特征，学界存在多种理论阐释。从核心定义来看，国际消费中心城市通常指具备全球商品与服务集聚能力、跨国消费群体吸引力和时尚消费趋势引领力的国际化都市。这类城市不仅展现出庞大的消费体量与高能级的消费结构，更以突出的消费国际化程度对城市经济形成强力支撑。相较于基础概念，国际消费中心城市在功能定位上呈现更高维度的特征。其本质是通过强化消费资源配置效能与创新引领能力，发展成为集消费功能聚集、资源配置和潮流引领于一体的国际化中心城市。这类城市在全球或区域范围内具有显著的消费吸附效应、市场辐射能力和资源整合优势。

学界对此展开多维解读。吴学安（2019）着重强调规模效应与辐射能力，提出该类城市需具备消费体量庞大、能级高端的基础特征，同时在经济社会发展贡献度、时尚潮流引领力、全球资源集聚度等方面形成显著优势。陶希东（2020）则构建了五维评价体系：第一，首要特征是强大的经济基础和高收入水平；第二，构建全球化网络链接与城市品牌吸引力；第三，需要发展现代服务业支撑体系；第四，强调开放包容的制度环境与政策保障；第五，着重突出创新生态与文化交流活跃度，形成持续发展的内生动力。

鉴于国际消费中心城市的概念内涵目前尚未形成统一认识，本课题组结合消费城市理论，认为国际消费中心城市是指拥有强大的经济基础、良好的消费环境和庞大的消费市场，汇聚了众多国际知名品牌，在消费模式、消费科技、消费服务等方面具有创新能力，能够提供多样化的消费体验，引领国际消费趋势，对全球消费者具有强大的吸引力、影响力和辐射带动能力的国际化城市。国际消费中心城市的建设不仅能够提升城市的国际形象，还能促进经济增长、带动产业升级、增加就业机会、提高居民生活质量，对于推动城市可持续发展具有重要意义。

2.1.2 国际消费中心城市的特征

国内学者从不同视角归纳总结了国际消费中心城市的类型和特征，但对国际消费中心城市没有统一的界定标准。

汪婧（2019）重点探讨了国际消费中心城市的特点，提出消费型国际大都市具备以下五个基本特征：一是整体经济实力强大、经济社会开放度高；二是服务业发达，成为主导产业；三是拥有通达全球的交通、信息和物流体系；四是城市环境高度适宜居住和旅游；五是思想交流活跃、创新能力极强。

魏颖（2020）提炼出国际消费中心城市的五大核心特质：其一，作为全球消费价值转化的核心枢纽，具备超大规模消费承载力；其二，通过标志性商业空间实现国际时尚潮流与当地人文特质的深度融合，形成文化符号承载功能；其三，构建全球工业文明成果与本土创新品牌的共生矩阵，形成品牌集群效应；其四，以多元业态组合为基底，持续孵化新兴消费场景，占据商业形态迭代前沿；其五，通过技术创新与模式突破，确立全球消费趋势定义权，形成消费范式创新策源能力。

周佳（2021）从消费发展规律角度出发，认为国际消费中心城市具有以下特征：驱动城市增长的主要和持久动力是消费；城市的发展前景和趋势主要由消费产业决定；服务消费发达、消费总体规模大；拥有集聚化和全球化的消费群体；消费文化呈现出传统与创意融合、多样化等特点。

综合以上研究，从公认的国际消费中心城市来看，总结归纳国际消费中心城市应具有以下基本特征。

（1）全球消费资源集聚地

国际消费中心城市是全球消费资源的集聚地，具备丰富多元的消费供给，能够吸引全球消费者前来购物、消费和体验。通常表现为城市繁荣、商业活跃，拥有众多国际知名品牌和高端时尚品牌，以及多样化的消费场景和体验。伦敦的高街坐拥众多的购物街以及大量富有英国特色的百货商店，全球知名的奢侈品品牌皆在伦敦的高街设有专卖店，引领世界最前沿时尚消费潮流。巴黎凭借"时尚之都"的定位，依托巴黎时装周、老佛爷百货等超级 IP，2023 年游客人数超过4 400 万人次，旅游业收入突破 500 亿欧元。我国首批国际消费中心城市则以差异化路径参与全球消费资源配置。上海以"首店经济"为引擎，2023 年新增国际品牌首店超 1 000 家，南京西路商圈集聚全球2 000 余个高端品牌，奢侈品零售额占全国 1/4。北京借力"文化+商业"融合，SKP 商圈以 265 亿元年销售额蝉联全球"店王"，环球影城等文旅地标年引流超 2 亿人次；重庆则通过"山水消费"破局，洪崖洞、解放碑等特色街区年客流量超 5 亿人次，"夜经济"贡献消费额 3 500 亿元，成为内陆开放型消费的新支点。从巴黎的时尚消费到中国城市的本土化创新，国际消费中心城市均以资源集聚与场景升级为核心，通过品牌、文化、体验的全球链接，构建"买全球、卖全球"的消费枢纽网络。

（2）消费市场创新和引领能力突出

国际消费中心城市不仅是一国消费市场的制高点，更是全球消费市场的引领者，具有强大的消费引导和带动作用。它能够提供世界一流的服务，有繁荣本地消费的能力，凭借丰富的消费场景，不仅拥有大量全球高端时尚品牌，还具有"烟火气"的消费氛围，能够吸引全球不同层次的消费者。东京银座以"密度经济"闻名，2平方千米内集中超2 000家国际品牌旗舰店，其"限定款"商品策略吸引全球代购客群，年消费规模突破300亿美元。全国首个获得"中华美食之都"和"国际美食之都"双料称号的城市——广州，在打造引领全球美食风尚的卓越世界美食之都方面不断推陈出新：借力"老字号+新业态"，陶陶居、莲香楼等百年茶楼升级"早茶体验馆"；推广饮茶文化，支持打造"饮茶+游船""饮茶+旅游巴士"等模式，丰富饮茶消费场景。2023年，广州全市餐饮门店总数达24万家，每万人拥有餐厅近100家，网点密度居全国之首，餐饮业营业额达997.86亿元。成都则以"市井即潮流"出圈，宽窄巷子将老茶馆与国潮快闪店融合，成为"Z世代"消费打卡胜地；夜间经济消费场景不断上新，"夜游锦江、特色巴士"等特色项目，打造集历史文化、现代潮流、互动演绎等元素于一体的多样夜间经济消费场景，激发了成都夜间消费领域的强大活力。美团研究院发布《2024中国夜间经济发展报告》的夜间消费占比数据，成都市以54.6%的比例位居全国第一。

城市以"场景创新+业态混搭"打破消费边界，既吸引全球客群为稀缺体验付费，又激活本地居民为情感价值买单，最终在高端化与大众化之间构建起可持续的消费增长引擎。

（3）具有鲜明的区域文化特色

国际消费中心城市不仅经济实力雄厚，在文化上也占据领先地位，这往往是一个区域历史传统、民俗文化、特色资源、价值观念、建筑艺术等共同作用的结果，具有鲜明的区域文化特色。国际消费中心城市独特的软实力与消费的各个环节创新融合，积极发展新业态、新模式。巴黎凭借其极具特色的本土文化，在知名博物馆、美术馆、世界名胜等地标周围构建商业集群，主推文化、艺术和历史的深度融合与沉浸式体验，打造出独特的消费名片，每年吸引约2000万的国际游客。国际消费中心城市的文化消费动能建构具有典型范式意义。以伦敦西区为例，其通过剧院集群发展与多元演艺生态培育，构建起复合型文化消费空间，区域内年均上演剧目超过200部，形成特色文化吸引消费流量进而带来业态创新的正向循环机制。纽约则依托百老汇戏剧产业带，发展出音乐剧、先锋话剧等多元演艺形态，年均吸引数千万国际游客，并创造百亿美元级消费规模，验证了文化消费对城市经济的乘数效应。这类城市更通过构建旗舰型文化活动矩阵强化消费引领力。一方面，打造文化展会、国际赛事、主题节庆、夜间光影项目等超级消费场景，如伦敦设计双年展、纽约大都会艺术节等；另一方面，运用"文化IP+消费场景"的融合模式，将文化艺术资源转化为沉浸式消费体验产品。这种战略既符合藤田昌久提出的"购物模型"中需求驱动集聚的规律，又通过降低消费者体验成本践行"搜寻模型"的空间优化逻辑，最终形成全球消费要素的引力场效应。

（4）具备完善的配套服务体系

国际消费中心城市通常交通便利，区位优越，商业空间布局合理，能为消费者提供便捷高效的购物体验。同时，消费环境宜人，服务质量和水平较高，让消费者感受到舒适和愉悦。纽约的哈德逊城市广场依托轨交延伸工程，实现地块与城市中心商业区的联通，贴心周到的服务提升消费体验感。伦敦的Coal Drops Yard购物中心拥有很多路线和出入口，不同楼层的连接点形成便捷的动线衔接，合理引导人流汇集和通过，同时在临近街区形成专设的孵化区，便利企业开展品牌文化交流和展示，更好地进行消费功能的延伸和拓展。巴黎交通便捷，乘坐高铁、火车能直达很多欧洲城市，并进一步优化国际机场和公共交通系统，推出了共享单车、共享汽车，为消费者提供更加高效便捷的出行选择。

2.2 国际消费中心城市研究基础

2.2.1 国外相关研究

（1）消费与城市空间的研究

法国思想家亨利·列斐伏尔在1974年系统阐释的"城市空间消费理论"，开创性地将空间属性纳入消费研究框架。该理论突破传统认知框架，揭示出城市空间不仅是物理容器，更是资本增值的关键环节。其核心论断指出，在"生产—交换—消费"的社会经济链条中，空间消费已跃升为现代城市的主导功能。该理论体系包含三个递进维度：第一，空间商品化维度。城市景观的物质形态、文化积淀通过资本运作转化为可交换的商品形态，构成资本循环体系的重要组成部分。第二，集体消费形态维度。其强调医疗教育、文体设施、社会保障等具有空间依存性的公共服务消费，构成现代城市消费体系的基础架构。第三，消费空间分化维度。其指出空间消费具有显著的聚集效应与阶层区隔特征，不同社会群体对居住环境、服务设施的空间占有差异，实质上是社会分层结构的空间投射。该理论建构为解析城市空间的社会再生产机制提供了重要分析工具。

藤田昌久与蒂斯（2016）在其合著的《集聚经济学：城市、产业区位与全球化》中，从空间经济学视角阐释了城市商业中心形成的动态机制。其研究提出双模型理论框架："购物需求驱动模型"强调消费需求多样性对企业空间决策的影响，当消费者追求差异化商品时，企业通过邻近布局形成商业集群，既满足多元化需求又获取集聚经济效益；"搜寻成本约束模型"则揭示信息不对称条件下的空间选择逻辑，企业通过地理集中降低消费者信息搜索与交易匹配成本，从而在市场竞争中形成空间锁定效应。这两种机制共同解释了商业中心自组织形成的微观经济基础。

（2）消费与经济发展关系的研究

关于消费与城市经济发展的研究，主要从需求侧和供给侧两个方面展开。从需求侧层面看，Tabuchi 和 Yoshida（2000）认为消费是需求的最终归宿，只要扩大消费就必然会带动经济的增长，同时消费结构的优化也使经济结构得到优化，进而促进经济的快速发展。凯恩斯的有效需求理论指出，政府应当施行积极的财政政策，以提升居民的消费水平与投资水平，进而解决失业问题。消费与投资所具有的乘数效应，能够对经济产生巨大的影响，进而促使收入增加与就业率上升。凯恩斯的绝对收入理论主张，边际消费倾向是逐渐递减的。也就是说，随着收入的增长，消费虽然会随之增加，但消费增加的幅度却小于收入增长的幅度。从长期来看，整个经济将会面临产能过剩和消费不足的问题，而消费不足必然会对经济增长产生抑制作用。从供给侧层面看，消费对经济的作用主要体现在消费对人力资本的影响上，消费能够影响人的流动性和聚集性，并通过价值实现和增值，促进和激励人进行再生产，进而影响到城市人力资本的流动，最终促进城市经济的快速发展。因此，无论从需求侧还是供给侧来看，拉动消费和鼓励消费都会对经济产生积极的影响。

（3）消费产生集聚效应的研究

集聚理论在经济学中的演化脉络可追溯至古典政治经济学时期。马歇尔作为早期系统研究者，揭示了集聚的双重经济效应。在生产维度，企业通过地理集中实现专业化分工与规模经济；在消费维度，城市扩张催生供应商集群，形成多元化消费供给体系，从而提升供需匹配效率，这种"生产-消费"双向集聚机制成为现代城市经济的重要特征，后续研究进一步拓展了这一理论框架。库兹涅茨（1989）通过城市化进程的实证分析，提炼出消费升级的三重驱动力：其一，产业集聚通过深化社会分工加速经济市场化，推动交易规模扩张与消费支出增长；其二，城市空间扩展激发新型需求，公共服务成本上升客观促使消费结构的高级化；其三，技术创新催生新型消费业态，从供给侧重构商品服务组合，驱动人均消费水平跃升。这些发现印证了集聚效应在消费领域的传导机制，即空间集中通过优化供给结构、激活潜在需求两条路径推动消费能级提升。

2.2.2　国内相关研究

国内有关国际消费中心城市的研究更加注重实践领域的研究，主要集中在国际消费中心城市的功能、建设经验、经济效应、路径与模式、建设条件、评价指标等方面。

（1）功能研究

卢卫（1986）在分析城市功能演化规律时，从社会生产系统视角揭示了消费型城市的内在逻辑，其核心论点包含双重理论维度。首先，从城市功能本源看，消费被界定为维系城市存续与发展的基础性要素，构成城市空间存在的功能性内核。这种消费主导型城市形态的合理性，植根于社会大生产体系下的区域分工协作。当特定城市呈现生活资料消费量超越本地生产量的特征时，必然通过与其他生产型城市间的空间价值转移实现供需平衡，这本质上反映了社会化大生产中产业布局优化的客观规律。其次，从历史演进维度，研究指出工业化纵深发展阶段催生了城市功能的结构性转型。随着经济形态升级，消费功能逐渐跃升为城市发展的主导性特征，表现为城市居民消费需求结构的复杂化。消费偏好分化、消费欲望升级、消费权益意识觉醒以及对消费场景品质化要求的提升，共同构筑起现代消费城市的功能体系，标志着城市发展模式从生产驱动向消费引领的范式转变。

刘涛与王微（2017）认为，国际消费中心城市是城市发展的高级形态，具有以下三个功能：一是强大的消费实现功能，是全球消费市场的核心驱动力；二是高效的消费配置和带动功能，是全球消费资源的集聚地；三是突出的消费创新和引领功能，是全球消费发展的风向标。

（2）建设经验

①相关政策研究。在国际消费中心城市建设方面，学者们总结了国内外建设经验，认为各个地区由于社会开放水平、服务业发展模式、文化风气等环境不同，培育国际消费中心城市的硬件因素和软件因素也不尽相同，且都需要政府的政策支持以及长期持久的建设培养。知名的国际消费中心城市的形成和发展有很多相似之处。王微（2021）的研究表明：经济发展水平与国际消费中心城市的形成有着

紧密的联系，同时开放包容的环境与完善的制度政策有利于国际消费中心城市的发展。王蕊与何志浩（2024）通过政策效应评估研究，系统考察了国际消费中心城市建设的战略价值。基于双重差分模型的实证研究表明，该政策体系通过强化"国内国际双循环"的协同机制，显著提升了城市经济的开放性与韧性；揭示出政策实施不仅优化了城市内部消费供给体系，更重要的是构建起内外市场联动的通道，推动资本、技术、服务等要素在更高能级上实现全球化配置。研究建议，未来需持续深化政策创新，重点强化制度型开放与产业链升级的协同效应，通过政策引导激发城市外向发展的内生动力，进而巩固国际消费中心城市的全球资源配置功能。

②消费动力来源。关利欣（2022）通过对国际消费中心城市的比较研究，认为伦敦、纽约、东京、巴黎、新加坡这五个城市综合实力强劲，但每个城市的消费经济发展动力存在差异。伦敦的进出口贸易额在五个城市中位列第一，是全球重要的贸易和物流集散地。纽约作为GDP总量最多和人口密度最大的城市，凭借其强大的资本实力和文化影响力，吸引全世界的人才和游客纷纷前往，大量移民和人才为城市发展和本地消费提供了不竭动力。东京是五个世界城市中人口最多的城市，市内交通设施完善，地上地下、四通八达的立体交通网十分便捷。巴黎人口规模庞大且人员往来频繁，人口密度是休斯敦的八倍。新加坡是东南亚最富裕的城市，国际贸易发达，城市环境优美，也是全球重要的旅游目的地。

③建设认知偏差。国际消费中心城市建设需要明确长期和短期的发展目标，结合城市自身特点和优势，精准定位国际消费中心城市的角色和功能，如高端消费集聚区、时尚潮流引领地、消费创新策源地

等。刘元春与张杰（2021）在研究国际消费中心城市建设时，系统剖析了实践中存在的三个关键认知误区：第一，本土品牌创新能力认知局限。其研究指出，部分已有观点低估本土企业在全球价值链中的主体地位，未能认识到本土品牌设计研发与高端制造能力对城市消费能级的支撑作用，过度依赖国际品牌引入而忽视自主品牌培育。第二，对消费内涵的理解片面化。学界存在将消费中心建设简化为消费规模扩张的倾向，城市对全球消费者的吸引力本质上是多维认同的体现，涵盖文化传统、制度文明、创新生态及经济实力等深层要素的协同作用，消费繁荣仅是综合竞争力的外显表征。第三，发展路径选择冒进性。部分实践存在跨越式发展思维，试图绕过"区域性—全国性—国际性"的渐进培育过程。其研究强调消费中心的全球化影响力需以区域性市场深耕为基础，缺乏对本土及周边市场服务能力的积累，直接追求全球资源配置权易导致发展根基虚化。

（3）对经济增长的影响

黎传熙（2022）以粤港澳大湾区协同城市为研究对象，指出消费对拉动经济增长起着基础性的作用，城市空间是消费活动产生并拓展的空间载体。推进国际消费中心城市建设，可发挥消费对区域经济增长和城市经济发展的驱动作用，开拓新局面并促进产业耦合协调发展，加快助力构建"双循环"的新经济发展格局。王小林、王效梅（2023）通过构造准自然实验，实证分析了国际消费中心城市建设的经济辐射效应及作用机制。研究结果表明，国际消费中心城市建设有助于促进经济发展，东部地区国际消费中心城市建设带动经济发展的效果高于中西部地区，且超大城市规模的国际消费中心城市在经济发展方面的辐射和带动能力更强。从作用机制来看，国际消费中心城市建设能为产业结构升级提供新的途径。

（4）路径与模式研究

①培育国际消费中心城市的模式。刘司可等（2021）基于跨国比较研究，系统梳理了国际消费中心城市的培育模式及其实现路径。通过对24个全球一线城市的深度分析，揭示了城市发展的三类典型范式：商业金融驱动型以企业集聚与制度优势为核心，强调通过健全的商事制度和高效的行政服务体系吸引跨国企业总部落地；国际交往驱动型侧重城市对外开放能级，依托签证便利化、国际组织集聚等要素构建全球资源交互网络；文化宜居驱动型则注重城市软实力建设，通过文化遗产活化、生态环境优化与生活品质提升形成差异化竞争力。研究进一步指出，三类模式的共性在于营商环境优化的基础性作用，其差异则源于城市资源禀赋与发展阶段的适配选择。基于此，研究提出多维培育路径：其一，深化商事制度改革，构建与国际接轨的监管标准和服务体系，强化跨国资本与商业主体的吸附能力；其二，推进制度型开放，完善国际人才引进、跨境数据流动等政策框架，促进消费要素的全球化配置；其三，实施文化地标战略，将城市历史文脉、生态资源转化为消费场景创新要素，塑造具有文化辨识度的消费空间体验。

②国际消费中心城市的发展路径。陈滢（2022）认为国际消费中心城市的发展路径不同，原因是这些城市的历史文化背景及资源禀赋存在差异，因此呈现出多元化的发展类型。纽约为数据生态型，其国际消费中心城市建设与互联网和大数据技术密切相关；伦敦为艺术沉浸型，其高雅的城市魅力与优质的公共服务吸引了全球消费者；巴黎为时尚商圈型，其多彩的时尚主题活动引导全球时尚潮流，成为集浪

漫与梦想于一体的时尚发源地；东京为多业融合类型，其商、文、旅深度融合的模式，发展出了别具一格的特色；迪拜为奢侈便捷模式，将购物中心与沙滩、机场、旅游景点等区域连接起来，提供了便捷的消费体验；新加坡则是调节税费、吸引消费的减税降费模式。彭刚（2022）认为建设国际消费中心城市可从以下几个路径着手：以高水平的经济发展为消费提供巨大的交易市场；以产业结构不断优化，为游客提供来自海内外的优质商品及特色服务；以加强国际影响力，吸引自身辐射区域范围之外的游客。赵苒琳（2023）则从老年消费者的视角，提出国际消费中心城市建设应从老年消费者的角度出发、改善消费环境、提供多样的消费服务、维护老年消费者的合法权益、实现双向互动的建议。

（5）国际消费中心城市的实证研究与指标构建研究

根据商务部《国际消费中心城市评价指标体系（试行）》的评判标准，国际知名度、消费繁荣度、商业活跃度、到达便利度、政策引领度是衡量国际消费中心城市的五个重要维度，见表2-1。

表2-1　　　　　国际消费中心城市评估指标体系

序号	维度	具体指标
1		全球城市竞争力排名
2		入境游客接待量/国别
3	国际知名度	国际组织数量/世界500强企业进驻数量
4		国际国内重大活动和展会数量
5		世界文化遗产数量
6		4A、5A级景区数量

序号	维度	具体指标
7	消费繁荣度	社会消费品零售总额
8		居民人均消费支出
9		国内国际旅游花费
10		服务业增加值
11		消费品进口额
12	商业活跃度	标志性商业街数量
13		国际知名商品和服务品牌进驻数量/中华老字号数量
14		免税店和离境退税商店数量
15		三星级及以上旅游饭店床位数
16		第三产业固定资产投资
17		消费者满意度
18	到达便利度	国际国内航班通达城市、航线班次数量
19		高铁/动车直达城市、车次数量
20		地铁运营总里程
21		高速公路途经条数
22		网约车数量
23	政策引领度	领导组织和部门协调机制
24		规划、目标、实施方案
25		政策创新和配套措施

资料来源：中华人民共和国商务部《培育国际消费中心城市总体方案》。

可见，国际消费中心城市培育建设涉及多个层面，除经济发展水平以外，还强调一个城市的消费环境与国际视野。国内学者从国际知名度、消费繁荣度、商业活跃度、到达便利度和政策引领度五个方面，对国际消费中心城市进行了专门研究。

①国际知名度。国际消费中心城市具备强大的影响力，体现在多个方面：引领时尚潮流、金融领域的创新、文化艺术的发展以及教育领域的进步。国际消费中心城市的战略价值还体现在其还具有作为战略资源集聚平台的功能属性。这类城市往往成为跨国企业区域总部布局的首选地，同时承担国际赛事、高端会展等活动的核心承载功能。研究表明，城市现代服务业集聚优势通过形成资源吸附效应，显著强化了城市综合竞争力。服务业集群不仅提升要素配置效率，更通过规模效应带动全球企业入驻密度提升与国际性活动承办频次增长，形成"产业集聚-功能强化"的良性循环。集聚优势的形成机制在于，全球500强企业的区位选择遵循"品牌势能匹配"原则，倾向于基础设施完善、金融服务健全、商贸网络密集的高能级城市，由此形成"城市知名度-企业集聚度-资源配置效率"的增强回路。

②消费繁荣度。消费繁荣度本质上是城市商业生态活力的综合表征。该指标包含三重演化逻辑：一是规模扩张逻辑。城市消费基数的持续扩容形成引力场效应，通过人口集聚触发全球商品链与要素流的空间重构，推动消费供给体系的质量跃升与品类革新，最终构建起具有文化辨识度的消费体验场景。二是产业协同逻辑。在数字经济赋能下，消费端的海量数据通过智能分析系统逆向传导至制造端，催生柔性生产模式与C2M定制业态，实现本土品牌在品质工艺与潮流感知维度的双重突破。这种"需求洞察-精准供给"的互动机制，使城市逐步发展为全球新品首发地与国潮创新策源地。三

是价值共创逻辑。消费者通过参与式设计、众包研发等新型交互方式，深度嵌入产业链价值创造过程，形成"消费需求升级-产业技术迭代-城市功能进化"的协同演进格局，最终塑造出具有全球示范效应的消费创新生态。

③商业活跃度。国际消费中心城市的培育涉及多维支撑体系，其中，制度环境、空间条件与政策体系构成关键要素。营商环境层面，学界强调制度竞争力对商业生态的基础性作用。刘司可等（2021）通过跨国比较研究指出，优良的营商环境是激发城市商业活力的必要条件，通过优化流通效率、降低交易成本、保障市场秩序等路径，直接作用于国际品牌集聚与首店经济发展。全球实践表明，商业环境领先的城市往往形成消费资源的高效配置网络，通过通关便利化、税务透明化、审批简约化的制度设计，为商品流通与服务业态创新提供了基础保障。

④到达便利度。空间可达性维度研究交通体系与政策协同产生的复合效应。地理区位赋予城市先天优势，而交通基础设施的完善程度则决定了要素流动的效率边界。提升交通通达度不仅加速商品流通与人口流动，更通过缩短消费时空距离推动商业格局重构。叠加宽松的过境政策与签证制度，可显著增强城市对国际消费群体的吸引力，形成全球消费网络的节点优势。

⑤政策引领度。政策创新方面强调监管体系需与消费升级动态适配。针对新业态新模式的发展特征，建立包容审慎的监管框架成为政策设计的核心导向。张小英（2022）提出通过供给侧结构性改革完善消费基础设施，同时创新监管工具以适应元宇宙、跨境电商等新兴领域，构建具有弹性的制度环境。国际经验显示，实施"监管沙盒"

等试验性政策工具，既能防控系统性风险，又可保留消费创新的生长空间。

2.2.3 研究述评

通过对文献资料的梳理可以看到，目前，国内外学术界对国际消费中心城市的概念尚没有统一的认识。国外对国际消费中心城市的研究主要集中在对消费城市的理论研究层面，而对消费城市建设的经验借鉴及推广等实践的探索较少。国内研究方面，尽管有学者采取了定性方法来探索消费者行为，但是针对国际消费中心城市培育的政策研究相对稀缺；研究多侧重在对国际消费中心城市的内涵、特点、路径方面。针对我国新发展格局，现有研究缺少从投入产出角度进行内循环和外循环的定量分析，无法把产业投入与产出与促进本地消费紧密地结合起来。

因此，本书首先对沈阳、大连的消费现状进行研究，分析其建设国际消费中心城市的特点和优势，找出其劣势和短板；其次，通过投入产出法进行消费结构分析，以及最终消费生产诱发系数的测算，指出沈阳、大连在"双循环"中消费引领产业发展的基础；第三，依据国际消费中心城市评估指标体系，将沈阳、大连与国内五个国际消费中心城市进行对标，发现沈阳、大连建设国际消费中心城市存在的问题；第四，对沈阳、大连建设国际消费中心城市进行系统研究、精准定位，并通过对现有政策进行梳理，进一步探索对现行政策有所突破，提出建设国际消费中心城市的"辽宁路径"，打造具可操作性和可推广复制的"辽宁样板"。

第 3 章

沈阳、大连建设国际消费中心城市的意义与必要性

3.1 沈阳、大连建设国际消费中心城市的意义

沈阳、大连建设国际消费中心城市，本质上是破解东北地区结构性矛盾、重构区域经济逻辑的战略选择。这一实践能突破传统"投资驱动"或"资源依赖"的发展路径，通过消费要素的全球化配置与本地化创新，推动东北经济从"生产供给主导"向"需求牵引供给"的范式跃迁，其意义体现在区域转型、开放升级与治理创新的多维联动。

3.1.1 重塑东北经济转型的内生动力

国际消费中心城市建设为东北提供了破解"产业锁定效应"的突破口。传统重工业主导的产业结构导致沈阳装备制造业占地区生产总值比重长期大于 30%，但生产性服务业发展滞后，价值链高端环节缺失。通过消费场景与工业资源的深度融合，沈阳探索出"硬科技+软消费"的转型路径。沈飞集团依托航空工业遗产打造的航空博览园，将战斗机生产线改造为沉浸式体验空间，建馆以来共接待国内外游客400 余万人次，衍生品收入推动企业服务化收入占比提高。"工业遗产消费化"模式，不仅激活了存量资产价值，更倒逼沈阳新松机器人这样的企业建立"研发—体验—迭代"闭环，其工业机器人体验中心带动配套服务业营收增长，形成"制造赋能消费、消费反哺制造"的良性循环。

消费市场升级对本地经济系统的激活效应显著。2024 年沈阳城

镇居民人均可支配收入绝对额高出全国 1 929 元，但高储蓄率与低消费倾向的矛盾长期存在。沈阳中街步行街通过空间重构与业态创新，引入全息投影、AR 导航等技术，使客单价提高 40%，夜间消费占比提高 48%，2024 年带动全市社会消费品零售总额突破 4 300 亿元，增速 3.9%，超过全国平均水平 0.4 个百分点。大连"15 分钟便民生活圈"建设覆盖 91% 的社区，大连的菜鸟驿站、智能快递柜等设施的密度居全国前列，消费便利性的改善可有效释放内需。"毛细血管式"的商业网络革新，正在重塑东北经济的微循环系统。

3.1.2　构建东北亚开放格局的战略支点

差异化定位形成对外开放的"双枢纽"。沈阳作为东北亚国际化中心城市，依托区位优势，聚焦高端装备制造与现代服务业，以中欧班列枢纽和特色消费载体强化东北亚资源配置功能，打造国际化创新合作平台。大连作为东北亚国际航运中心，依托深水良港优势，推动智慧港口升级与临港产业集群发展，建设航运服务创新枢纽和跨境文旅目的地。两城通过共建沈大复合运输走廊实现"陆海联运"无缝衔接，联合培育"智造+物流"产业生态链，协同创新中、日、韩自贸政策试点与数字贸易体系，形成"沈阳策源–大连出海"的双向开放格局。这种功能互补、要素联动的协同模式，不仅激活了东北海陆大通道的战略价值，更通过探索制度型开放为东北振兴注入新动能，成为东北亚区域经济一体化的重要支点。

开拓跨境消费通道，提升区域战略地位。大连港开通的中欧班列冷链专列，实现俄罗斯帝王蟹"48 小时从符拉迪沃斯托克到沈阳餐桌"，2023 年全市海洋经济总产值超过 4 200 亿元，同比增长 9%，带动冷链物流产业规模突破500亿元。沈阳桃仙机场保税体验中心首创"免税品即时提货"模式，将跨境电商购物流程从7步简化至3步，消费者滞留时间大大减少。中欧班列（沈阳）集结中心已逐步构建起"通道并行、多点直达"的国际铁路班列运输网络体系，平均降低企业综合物流成本15%左右。基础设施与制度创新的叠加，使东北从"开放末梢"转变为"欧亚陆海联结点"。

3.1.3　推动新消费范式进行本地化实践

冰雪经济开辟特色赛道。沈阳依托得天独厚的冰雪优势，构建"冰雪装备研发—体验消费—赛事运营"全链条。东北大学研发的碳纤维雪板强度提高40%，成本降低35%，占据国产高端市场70%的份额。以冰雪赛事为核心抓手，2024—2025年冰雪季，沈阳举办了全国青少年滑雪系列赛、冰球职业联赛等300余场次的赛事活动。在消费场景打造上，怪坡滑雪场引入VR全景模拟训练系统，形成"科技赋能+体验升级"的增值模式。怪坡滑雪场引入VR模拟训练系统，使教学效率提高3倍，衍生装备租赁收入年增长约200%。大连体育产业冰雪嘉年华活动重点推荐5条冰雪体育旅游精品线路，涵盖"冰雪求学之旅""西郊冰雪情之旅""林海雪原之旅""东港嬉雪胜地之旅""踏雪戏冰之旅"，为广大冰雪爱好者开启了一场冰雪奇缘浪漫之旅。通过"冰雪+海洋"融合，极地馆潜水体验项目的单客消费达2 800元，复购率超过60%。沈阳和大连将自然禀赋转化为消费竞争力，为资源型城市转型提供了新范式。

工业文明与现代消费融合再生。沈阳铁西区将20处废弃工厂改造为消费综合体，中国工业博物馆通过沉浸式剧本杀活化工业遗产，单日客流峰值达 1.2 万人次，带动周边餐饮、住宿收入增长 5 倍。沈阳红梅文创园通过"工业遗存改造+文化创意产业集聚+工业旅游经济"的模式初见成效，创造年产值近 1.2 亿元。"硬核工业美学"的消费转化，不仅创造了经济价值，更重塑了城市文化认同，使"东方鲁尔"焕发新生。

3.1.4 区域协作与维护安全的深层价值

城市协作释放"1+1>2"效应。沈阳五爱市场完成数字化改造后，直播基地日均发货 50 万单，成为黑吉两省中小商户的云端选品中心。大连钻石湾邮轮母港则承接东北三省 70% 的出境消费需求。两城的"前店后库"模式，即沈阳展示、大连仓储，使进口汽车库存周转率提高 25%，物流成本降低 18%。这种分工协作打破了"零和博弈"思维，推动东北城市群从"松散联盟"转向"有机共同体"。

消费升级筑牢国家安全屏障。沈阳建设中粮营养健康研究院，开发低 GI 米、富硒米等功能性产品，溢价率达 80%，在提高农业附加值的同时保障了粮食安全。大连试点"中俄跨境消费争议线上仲裁"，建立卢布–人民币直接结算体系，2023 年处理纠纷金额 12 亿元，有效维护了边境贸易秩序。将消费创新与国家安全战略深度融合，展现了经济治理的全局视野。

沈阳、大连建设国际消费中心城市，绝非简单的商业规模扩张，而是通过消费场域重构生产要素、重释文化价值、重联全球网络的系统变革。数据显示，2024 年沈大双城消费对经济增长的贡献率达 34.8%，印证了"需求端突围"对区域再生的战略价值。在"双循环"格局下，以消费为支点的转型实践，正在书写东北振兴的第三种方式，既非依赖传统投资刺激，亦非被动承接产业转移，而是通过激活内需动能、重塑开放优势、创新制度供给，走出一条具有东北特色的高质量发展之路。

3.2 沈阳、大连建设国际消费中心城市的必要性

在全球经济格局深度调整与国内发展模式转型的背景下，沈阳、大连建设国际消费中心城市是破解东北振兴困局、重构区域经济逻辑的战略选择。其必要性根植于东北地区的历史使命与现实挑战，其核心逻辑在于通过消费能级的跃升，突破传统发展路径依赖，重塑区域增长动力机制，并为国家战略布局提供关键支撑。

3.2.1 重构区域经济增长动力

东北地区长期受制于传统重工业主导的产业结构，经济增长过度依赖资本投入与资源消耗，全要素生产率低于全国平均水平。国际消费中心城市建设通过需求侧改革激活市场内生动力，推动经济从"要素驱动"向"创新驱动"转型。消费升级对供给体系的倒逼效应，能够加速生产性服务业与先进制造业的深度融合，升级产业结构，破解产业链低端锁定困境。这种转型不仅是产业结构的优化，更是经济系统运行逻辑的根本性变革，通过消费需求对资源配置的引导作用，形成"需求引领—技术迭代—产业升级—价值创造"的闭环，重塑区域的竞争优势。

3.2.2 优化国家开放空间布局

在"双循环"新发展格局下，东北地区亟须从"开放末梢"转变为"国际循环"的战略支点。沈阳、大连作为东北亚地理中心，国际消费中心城市建设是打通国内国际双循环的关键节点。通过构建跨境消费枢纽，两城能够承接 RCEP 框架下的要素流动红利，强化对东北亚市场的辐射能力，扩大对欧洲市场的流通水平。这种开放升级不仅体现为商品与服务的跨境流通，更涉及消费规则、技术标准、数据要素等制度型开放领域的探索，为国家参与全球经济治理提供了试验场。

3.2.3 激活超大规模市场潜能

东北地区虽面临人口外流压力，但其消费升级需求仍蕴含结构性机遇。国际消费中心城市建设通过优化商业生态、创新消费场景，能够深度挖掘本地消费潜力，对冲人口收缩的负面影响。消费网络的现代化重构，不仅提高了存量市场的资源配置效率，更通过数字技术打破地理空间约束，形成对周边区域的消费吸附效应。市场潜能的释放，是破解东北经济"低水平均衡"的关键路径，也是实现区域协调发展的内在要求。

3.2.4 探索转型发展新范式

资源型地区与老工业基地的转型是全球性难题。沈阳、大连建设国际消费中心城市，为破解"产业锁定"提供了创新思路，即通过消费要素的集聚与扩散，推动资源禀赋的价值重估。转型范式的核心在于将工业遗产、自然资源等传统优势，转化为消费竞争力，实现存量资产的价值再生。其意义超越了经济层面，更涉及城市功能更新、文化认同与重构、社会治理创新，为同类地区提供系统性转型方案。

3.2.5　强化国家安全战略支撑

国际消费中心城市建设对"五大安全"具有特殊价值。通过消费升级推动农业现代化，增强粮食供给体系的韧性与附加值；通过跨境消费规则的创新实践，提升边疆地区的经济治理能力；消费需求对产业链的牵引作用，则有助于调整产业结构，构建自主可控的产业生态。从多维度对安全赋能，凸显了国际消费中心城市建设的纵深战略。

沈阳、大连建设国际消费中心城市，本质上是区域发展范式的系统性变革，其必要性不仅源于经济层面的效率提升需求，更在于破解东北振兴的结构性矛盾，即如何将存量资源转化为增量动能，如何在开放竞争中重塑区位价值，如何在人口收缩背景下激活市场潜能。当消费成为经济系统的核心枢纽时，其通过价格信号、技术创新与制度变迁的传导机制，能够重构生产要素的配置逻辑，推动区域经济从"被动适应"转向"主动引领"。在全球化退潮与地缘博弈加剧的当下，这种转型不仅是东北振兴的破局之钥，更是对中国经济高质量发展的战略探索。

3.3　沈阳、大连建设国际消费中心城市的总体部署

3.3.1　沈阳市培育方案

（1）政策体系阶梯式完善

2020年，沈阳市向商务部申报《培育建设国际消费中心城市试点方案》，开启建设国际消费中心城市的探索之旅。2021年，沈阳市政府制订了《沈阳市培育建设国际消费中心城市三年行动计划（2021—2023）》，明确提出建设"国际时尚消费集聚地、商品集散枢纽站、休闲旅游新地标、高品质生活服务示范区、东北新经济发展引领区"五大核心目标。2022年，政策愈发深化、细化，沈阳市政府先后出台《沈阳市鼓励发展商业品牌首店若干政策措施》构建首店经济生态圈，发布《沈阳市培育建设区域性国际消费中心城市行动方案》，确立了"社会消费扩容、国际贸易提质、消费资源集聚、商贸活力提升、消费环境优化"五大年度目标，形成覆盖宏观战略与微观操作的政策矩阵。

（2）八大专项行动立体推进

沈阳市开展八大专项行动，推动沈阳培育建设区域性国际消费中心城市工作迈上新台阶。

一是城市消费商圈升级行动。改造升级国家、省、市级商业街区，持续提升核心商圈、区域商圈功能。高标准实施一刻钟便民生活圈国家试点，推进全市便民生活圈建设试点，完成新建、改造社区基

础类和品质类商业与公共服务项目。

二是国际物流通道建设行动。积极参与创建辽宁省共建"一带一路"综合试验区，完善"陆、海、空、网"四位一体多式联运物流通道体系。鼓励引导重点物流企业与中欧、中老班列等合作，搭建东北集疏运平台，吸引跨境货物向沈阳集结。

三是国际消费资源集聚行动。培育建设国际性品牌消费品生产基地。完善沈阳口岸功能，丰富进口消费品类、品种。引进壮大外贸主体跨境电商企业，加快跨境供应链重点项目落地，推进京东（沈阳）外贸综合体等亿元以上项目建设。

四是新模式新业态提升行动。发展直播电商、社群营销、"云逛街"等无接触消费模式，推动市级电商直播示范基地建设。拓展跨境电商业务，实现"9610""1210""9710""9810"进出口全业务模式开通，加快跨境电商O2O线下体验店规模化运营。推进实体商业转型，探索发展智慧超市、智慧商店、智慧餐厅等新零售业态。

五是消费品牌培育创建行动。培育夜经济品牌、全市夜经济示范（特色）街区。引育会展品牌，办好制博会、辽洽会、工业互联网等品牌展会，努力建设会展名城。引导汽车、家电等重点大宗商品消费升级。传承发展老字号品牌，挖掘提升地产资源，培育沈阳特色产品品牌。

六是新型消费融合创新行动。促进文旅、体育、信息、康养、教育、绿色等消费。策划举办东北亚文旅创意博览会，推进国家体育消费试点城市、国家新一代人工智能创新发展试验区建设，打造区域医疗中心城市，推动绿色商场、绿色餐饮企业创建工作。

七是县域商业体系建设行动。以县域为中心、乡镇为重点、村屯为基础，加快建设布局合理、业态完备、流通高效、消费便利的一体化县域商业体系。完成县域商贸中心、集贸市场改造升级。推进国家电子商务进农村示范县建设，提高快递进村覆盖率。

八是城市消费环境优化行动。打造国际化宜居城市，优化城市交通网络，提升城市精细化管理水平。开展诚信兴商宣传，规范商业领域经营行为，建立消费维权协作机制，推进消费纠纷和绿色通道建设，提高消费维权效能。

3.3.2 大连市培育方案

大连市持续推动消费市场的繁荣发展，2020年，大连市政府印发了《大连市培育建设国际消费中心城市实施方案》的通知，出台了《大连市构建优质高效服务业新体系、促进服务业高质量发展政策举措清单》等一系列促进服务业发展和促进消费的政策措施，为国际消费中心城市建设提供了有力保障。

建设标志性商圈与特色商圈。大连已经培育建设了2处都市级标志性商圈和10余处城市级特色商圈，不仅满足了居民的生活便利需求，还成为城市消费的重要载体，提出创建1条国家级示范步行街，5条省级步行街，以及10余条市级步行街。街区的升级改造不仅提升了城市形象，还丰富了消费业态，增强了城市的消费吸引力。

提高消费的国际化水平。大连提升商业促消费活动能级，扩大消费国际化元素。大连市商务局用好省级促消费活动资金，落实市级促进服务业发展和促消费政策，出台实施细则，扩大政策普惠范围。同时，鼓励外贸出口企业在核心商圈、特色商业街开设专卖店、工厂折扣店，推动外贸优品开拓国内营销渠道。

培育消费品牌。大连建立了县区"赛马"机制考核和服务业企业培育库，重点培育发展市场贡献度高的批零住餐头部企业，并支持创新型小微商贸企业发展。此外，大连还建立了"大连名优消费品牌"库，鼓励企业积极开拓国内外市场。

消费新业态与新场景。大连加快发展"夜间经济"，支持夜经济示范街区建设。大连市商务局联合市文旅局推出了多条特色"烟火街巷"，并开展了丰富的跨年大型促消费活动，活跃了商业氛围，延长了消费时间，促进了消费增长。同时，大连通过整合多种艺术力量和资源，精心策划推出"艺术点亮城市"百场系列活动，举办了文旅消费季系列活动，聚焦"啤酒、海鲜、音乐"三大热点，推出了一系列多主题、多类型、多渠道的促消费活动。

国际化供给提升国际化消费氛围。鼓励外贸出口企业在核心商圈、特色商业街、夜经济示范区开设专卖店、工厂折扣店，支持外贸优质产品积极参与各类促消费活动。充分利用进博会、消博会、辽洽会等重点展会平台，组织高层级的推介活动，推动大连市优质产品品牌与国内外商贸企业开展供需对接，推动老字号企业走向国际市场。打造内外贸商品汇聚载体平台，培育精品聚集、接轨国际的内外贸一体化主题特色商业街区，引导国内外优势商贸资源集聚。顺应消费升级新趋势，提升品质化个性化消费供给，吸引国际知名品牌首店、旗舰店、概念店等入驻，加快发展"首店经济"。

升级基础设施建设。基础设施的完善为消费市场的繁荣提供了有力支撑。大连加快国家物流枢纽建设，提升航运中心能级；支持跨境电商综合试验区发展，提高物流效率和便捷度。2021 年 2 月，大连市组建了邮轮游船产业发展工作领导小组，4 月审议通过《大连市促进邮轮经济和"海上游大连"发展实施方案》。2023 年为了进一步推进全市邮轮旅游工作，大连市文旅委办公室审议通过了《大连市邮轮经济发展规划（2023—2034 年），加大对邮轮旅游的支持力度，力拓邮轮经济"新蓝海"。

文体旅深度融合。大连市拥有丰富的旅游资源，如俄罗斯风情街、南山风情街等特色街区，以及老虎滩、东港、渔人码头等旅游景点。大连市文旅局通过构建全域旅游规划布局，推动文化旅游业的融合发展。大连市体育局积极鼓励体育场馆延长夜间开放时间，开展群众性健身活动，举办夜间特色赛事，为夜经济特色街区引入大量人流，促进体育消费。

3.3.3 发展机遇与优势

（1）沈阳的机遇与优势

沈阳作为东北振兴战略的关键城市，依托四重禀赋优势与机遇构建国际消费中心。

一是沈阳获批"东北亚国际化中心城市"，在《沈阳市建设东北亚国际化中心城市行动纲要》中提出：释放 9 283 亿元投资机会，重点布局数字贸易、高端制造等消费关联产业。作为中蒙俄经济走廊的重要节点城市，沈阳在中俄贸易中的桥梁作用日益增强。近年来，沈阳与俄罗斯在能源、农业、科技等领域的合作不断深化，不仅为城市经济发展注入了新动力，也为吸引俄罗斯消费群体创造了条件。同时，沈阳积极融入 RCEP 区域经济合作框架，与日、韩等国家在经贸、文化、旅游等领域的合作日益密切。通过举办中、日、韩消费合作论坛等活动，沈阳不断拓展国际消费市场，提升城市在区域消费网络中的影响力。

二是深厚的工业文明积淀为消费品工业蓄力。作为中国装备制造业基地，沈阳拥有完整的工业体系与全球领先的精密制造能力，为消费市场提供从生产设备到终端产品的全链条支撑。通过国际装备制造业博览会等平台，沈阳形成从产业展会到技术转化，再到消费升级的传导机制，催生高端设备采购、工业旅游等新型消费形态。

三是文明演进形成了文化消费势能。沈阳故宫、新乐遗址等文化地标年接待游客超过600万人次，通过"数字故宫""沉浸式工业博物馆"等，实现文化遗产的消费转化。2023年，沈阳文旅产业增加值占地区生产总值的比重达10%，形成文化遗产活化带动文旅消费升级，实现城市品牌增值的良性循环。特别是"工业锈带"改造工程，将铁西老厂房转型为1905文化创意园，形成消费新地标，实现工业遗产的价值重构。

四是在要素支撑方面，沈阳形成"人才优势+交通优势"双轮驱动体系。依托东北大学等48所高校形成的人才储备池，每万人研发人员数量达98人，位居东北城市之首，为消费积淀了科技创新和消费人群的有力支撑。桃仙国际机场通航城市达100多个，中欧班列年开行量保持东北地区第一、全国前列，形成"陆空双枢纽"格局。关键要素集聚使沈阳具备消费场景创新与产业升级的持续动能。

（2）大连的机遇与优势

大连凭借海陆交汇节点的区位和海洋资源优势，努力塑造开放型消费城市。

首先，大连作为东北亚国际航运中心和东北海陆大通道的关键节点，成为东北亚区域开放合作的前沿阵地。作为中、日、韩自由贸易区的潜在核心城市之一，大连在推动中、日、韩消费市场一体化方面发挥着重要作用，通过深化与日、韩在经贸、文化、旅游等领域的合作，不断优化国际消费环境。大连市加快推进RCEP（大连）国际商务区建设，创新推出RCEP公共服务平台，为15 000余家企业提供更精准、更便捷的服务。大连自贸区的建设为吸引外资和国际品牌提供了政策支持，在跨境电商、服务贸易等领域进行创新实践，为建设国际消费中心城市提供了强大的动力。

其次，大连具有由港口经济衍生的消费资源配置能力。2024年，大连港集装箱吞吐量突破500万标箱，国际航线覆盖全球300余个港口，形成"港口+自贸区+跨境电商综试区"的立体开放体系。依托"日、韩商品集散中心"建设，实现进口商品通关时效压缩31.21%。

再次，海洋文化赋能消费场景创新。通过"海洋+"战略打造特色消费矩阵：星海广场每年举办多场国际消费活动，形成"展会经济-商务消费-旅游购物"联动模式。老虎滩海洋公园引入AR导览系统，有效提升游客二次消费比例。"海鲜美食节"等IP活动带动餐饮消费年增长6.5%。2024年，大连文旅消费对经济增长的贡献率达19%，成为东北亚特色消费体验高地。

最后，制度创新驱动消费环境优化。作为全国首批数字人民币试点城市，大连在智慧商圈建设方面取得突破性进展。青泥洼-天津街商圈实现智能支付服务，给消费者带来了便利体验，延长了在大连的游玩时间。通过"跨境服务贸易负面清单"改革，吸引众多国际品牌在大连设立东北亚总部，形成制度型开放新优势。

（3）数字技术加快消费生态迭代升级

沈阳和大连在建设国际消费中心城市的过程中，积极探索创新模式，推动消费实现高质量发展。沈阳通过构建"文化解码-商业编码-价值输出"的产业链条，将传统文化元素与数字技术深度融合。例如，沈阳故宫文创产品通过数字化授权模式，将传统文化符号转化为可交易的数字资产，其年销售额突破10亿元，成为城市消费经济的新亮点。大连积极探索数字消费新模式，通过举办国际消费电子展等活动，推动数字技术与消费场景的深度融合，为消费者提供了更加便捷、个性化的消费体验。大连在数字人民币试点、跨境电商综合试验区建设等方面先行先试，为消费市场的数字化转型提供了政策保障。

（4）基础设施与公共服务的能力跃升

沈阳和大连在基础设施建设和公共服务优化方面取得了显著进展，为国际消费中心城市的建设提供了坚实的硬件保障。沈阳加快推进地铁网络建设，提升城市公共交通的便利性；大连则通过优化港口设施和航空网络，增强城市的物流和交通优势。这些基础设施的完善，不仅提升了城市的运行效率，也为国际消费中心城市的建设提供了坚实的硬件保障。

沈阳在国际社区、国际学校建设方面获得了专项财政支持，这些政策举措有效提升了城市的消费环境国际化水平。大连通过简化外资企业准入程序、优化税收政策等措施，吸引了大量国际知名品牌入驻。

展望未来，沈阳和大连在建设国际消费中心城市的道路上前景广阔。两座城市将继续发挥各自的优势，通过深化产业协同、优化消费环境、加强国际合作等举措，不断提升在全球消费网络中的地位。沈阳将依托其产业基础和文化底蕴，聚焦内陆资源配置与创新策源，打造东北亚区域的国际消费中心城市，成为连接国内国际双循环的重要节点。大连则将凭借其开放的经济结构和独特的地缘优势，强化海洋经济门户功能，建设成为东北亚地区具有重要影响力的特色型国际消费中心城市。这两座城市的协同发展，将为推动区域经济高质量发展和构建新发展格局作出更大贡献。

第4章
国外经验借鉴

本章将通过分析纽约、伦敦、巴黎、东京、新加坡等国际消费中心城市的发展特点，研究其商圈规划、基础设施、交通条件、多元业态融合、创新商业模式，以及提升全球影响力和城市知名度等方面的经验，为沈阳、大连建设国际消费中心城市提供参考借鉴。

4.1 纽约

4.1.1 国际往来的重要枢纽

纽约市位于美国东北部，地理位置优越，北部与加拿大接壤，是连接美国和加拿大的门户，其东海岸是连接美国东部地区的交通纽带，独特的地理位置为纽约市的国际往来提供了便利。

纽约作为美国第一大都市和商港，公路、铁路、内河航道和航空运输网络四通八达，是与世界各国交通往来的重要枢纽。纽约港具有深、宽、隐蔽、潮差小、冬季不冻的优点，为国际航运提供了便利，使得纽约成为国际贸易的重要枢纽。2023年纽约/新泽西港联合体的全年货物吞吐量1亿吨，集装箱吞吐量达781万标准箱；纽约/新泽西港联合体在2024年7月表现出显著增长，总货运量达到806 015标准箱，比2023年同期上涨11.1%。

纽约市拥有三个现代化机场，其中肯尼迪机场是世界上设备最先进、流量最大的现代航空港之一，使纽约成为连接世界各地的重要节点。纽约市还有60多座桥梁和4条河底直通隧道，以及一条铁路隧道，将市区各部分有机地联系起来，为城市的交通运输提供了便捷的条件。

纽约市在美国的工商业、对外贸易、金融业都扮演着重要的角色。金融中心集中在华尔街，这里有许多豪华的大商场、大饭店和游乐场所，以及证券交易所、银行和房地产公司等，经济活动的繁荣进一步巩固了纽约市作为国际往来重要枢纽的地位。

4.1.2 行业总部基地云集

纽约作为全球消费资源配置的枢纽，植根于其多维度的战略优势建构。1979年，纽约港自贸区通过关税减免、投资便利等制度设计，形成全球企业总部集聚的"政策洼地"，为消费市场注入跨国商品与服务资源。依托制造业总部集群，构建产业生态。例如，洛克菲勒中心国际总部基地，衍生出专业化服务配套体系，5 300余家法律服务机构形成全球商事纠纷解决中心，4 200余个管理咨询机构构建商业决策支持网络，配合财务审计、数字技术等服务机构，形成完整的产业链服务矩阵。在金融资源配置方面，华尔街集聚全球六大银行总部及跨国财团指挥中枢，通过资本流动、汇率定价、风险对冲等核心功能，形成消费市场与全球资本市场的价值传导机制，金融集聚效应为纽约市的商业活动提供了强大的金融支持。

4.1.3 世界级商圈加速产业融合

纽约商业活力强劲，零售业增长迅猛，聚集大量商业服务企业，管理、会计、法律、广告媒体等跨国公司数量位居世界前列。纽约商圈近年来呈现出文、体、旅、购融合的发展趋势，不仅丰富了商圈的业态，也为游客和市民提供了更加多元、丰富的消费和休闲体验。旅游业是纽约市的重要经济支柱之一，通过推广旅游业可以带动酒店、餐饮、购物等相关行业的繁荣，吸引更多的游客来纽约市消费。

文旅融合。作为世界著名的旅游目的地，纽约拥有众多世界级的博物馆、艺术馆和历史遗迹，如大都会艺术博物馆、现代艺术博物馆、自由女神像等，吸引了大量游客前来参观。此外，中央公园、帝国大厦、圣帕特里克教堂、纽约公共图书馆、美国自然博物馆等众多景观和博物馆，不仅满足了人们的精神文化需求，也为商圈带来了大量的人流和商机。

体旅融合。纽约拥有众多著名的体育场馆，如麦迪逊广场花园、洋基体育场、布鲁克林大桥公园等，为商圈带来了大量的客流和消费。纽约马拉松比赛创办于1970年，每年11月初举行，参赛者最多超过10万人，是世界六大马拉松赛事之一。通过举办各种体育比赛和活动，纽约进一步推动了旅游业的发展。

商旅融合。纽约第五大道、时代广场等商圈是世界著名的购物天堂，拥有众多国际知名品牌的旗舰店和高端购物中心，为游客提供了丰富的旅游体验。商圈内的酒店、餐厅、娱乐场所等为游客提供了便利和舒适的服务，进一步推动了旅游与商业的融合发展。

4.1.4　大数据平台实现数据共享

纽约于2012年将政府数据的大规模开放纳入《开放政府数据法案》，把人口信息、饭店卫生检查信息、公共交通系统动态数据、停车位信息、旅游景点以及住房租售信息等与消费密切相关，但不涉及个人安全隐私的数据，建立了一个公共服务平台，通过平台开放城市的运行信息、经济信息和各种消费信息，有利于加强数据的共享和管理，精细地利用数据分析消费动态，从而制定合理的政策，促进和引导消费。

4.1.5 营商环境和消费环境不断优化

打造优越的营商环境。纽约市政府通过完善投资政策和基础设施建设，为企业提供了良好的营商环境。为吸引顶尖企业，政府及时出台税收减免政策，以及积极投入水陆空基础设施建设，更好地服务于企业。此外，纽约市还通过提供丰厚的收入、更高的社会地位以及家属及子女优越的生活和教育环境，吸引了大量的高精尖人才前来工作，为城市的发展提供了强有力的人才保障。

政策支持与恢复计划。纽约市政府已经公布了名为"重建、重生、再造"的疫情后经济复苏计划，旨在帮助纽约市经济加速恢复，建立公平、有包容性的营商环境。其中包含了超过70项计划，旨在找回因疫情流失的工作岗位，并支持小商业者发展。

颁布退税政策。美国国会众议院通过了《2024年美国家庭和工人税收减免法案》，提高儿童税收抵免的金额，为低收入家庭提供更多的退税优惠，使更多家庭更容易获得儿童税收抵免资格，从而刺激家庭消费。

公共交通改善措施。纽约市从2025年1月开始对进入市区的车辆收取进城费，旨在缓解交通拥堵，改善空气质量。这一措施预计每年将筹集10亿美元的通行费收入，用于改善和升级纽约市的公共交通系统，提高出行便利性，进而促进消费。

鼓励小商业发展。纽约市拥有众多小型企业援助计划和组织，包括社区发展金融机构（CDFI）、小型企业发展中心、地方发展公司、商会、小商业服务局（SBS）等。纽约市政府与市小商业服务局（SBS）提供的全市中低收入小区店面贷款援助计划，帮助获得资源较少的小商业者。同时，纽约市政府还将创立"一站式"的商业服务系统，让小商业者能够更好地遵守市政府监管规定，并减少罚款。这些措施旨在支持小商业者的发展，增加就业机会，进而刺激消费。

4.2　伦敦

4.2.1　立体公共交通网络连通城市空间

伦敦的城市交通体系呈立体式结构，水陆空三位一体，主次分明，包括地上和地下的交通体系，以及与其他城市的陆上和水上交通联系。

拥有完善的公共交通体系。伦敦拥有全球最完善的公共交通体系，主要由地铁、轻轨、有轨电车、公共汽车、市郊铁路、轮渡等交通方式组成。目前，伦敦有12条正在运营的地铁线路，共275个车站，总里程408千米，地铁客运量每年超过13亿人次。伦敦还有700多条公交线路，约17 000个公交车站，6 800多辆公交车辆，年均运送客流24亿人次，是世界上庞大的城市交通系统之一。

伦敦地铁高效、便捷。运营时间从工作日早上5点至凌晨，周末部分线路甚至实现24小时运行，确保了市民和游客的出行便利。伦敦的轨道交通系统实行快慢车运行制度，满足不同乘客的通勤需求。城市交通查询系统为市民和游客提供最新的交通状况，确保出行的高效性。

多层次轨道交通。伦敦的轨道交通系统具有明显的圈层分布特点，满足中心城区、中心城市与周边城镇，以及城市群其他城市节点间的不同出行需求。伦敦充分利用了原有中心城区的火车站，与市内重要的商务、商业、行政中心紧密连接，提高了换乘效率，为市民和游客提供了优质的出行体验。

4.2.2　戏剧业推动文化创意产业

伦敦拥有 4 个联合国教科文组织评出的世界遗产、世界知名的伦敦西区剧院区、大量的博物馆、音乐场所、俱乐部，以及酒吧、滑板公园和街头艺术等文化资产，这是吸引全球消费者的重要因素之一。伦敦文化创意产业的国际化程度非常高，文化创意服务有一半以上出口到欧盟，而且有 1/3 的从业人员是国际人才。伦敦在艺术和文化产业领域占据着国家的重要地位，它的艺术基础设施占全国总量的 40%，并且拥有高达 2/3 的电影制片工作站和 70% 的电视制作企业。此外，它还集聚了 3/4 的广告就业岗位，在设计、音乐和出版行业的贡献分别达到了全国总产值的 50%、70% 和 40%。伦敦还形成了一种以创意为驱动的产业模式，从创建知识产权 IP，通过版权出口获取收益，并通过衍生产品带来回报，最终实现对相关行业的拉动效应。这种由创意产业衍生的影响不只在文化领域，还扩展到了旅游业、酒店业、餐饮业以及航运业等多个行业，促进了整个国家的经济发展，进一步夯实了伦敦全球创意中心的地位。

伦敦西区作为与纽约百老汇齐名的世界戏剧艺术中心，形成了独特的文化产业集群发展模式。在不足 1 平方千米的区域内，49 家剧院形成差异化布局，包含国家资助的非营利性剧院与市场化运营的商业剧院，通过公共文化支持叠加商业运作的混合机制实现可持续发展。文化集聚产生了显著的联动效应，国际企业总部选址偏好度显著提升，重要国际会议配套观剧行程成为常态，形成多维消费生态，有效激活了周边的商业价值。

伦敦西区通过三重维度巩固竞争优势：一是内容创新机制，构建从经典驻演剧目到先锋实验剧目的多元产品体系；二是技术融合机制，将数字技术深度融入舞台呈现，提升视听体验的沉浸感；三是运营拓展机制，开发戏剧主题文旅线路、会员服务体系等消费场景，持续培育观众群体。发展路径使戏剧产业成为伦敦文化软实力的核心载体，既传承了莎士比亚的戏剧传统，又通过跨文化创作促进全球艺术交流，最终强化伦敦作为国际消费中心城市的文化吸引力与品牌影响力。

4.2.3 公共管理和服务为消费提供保障

伦敦主要通过立法来保障对商业街区的管理，明确城市商业中心的等级及网络结构，有效提升了城市的生命力和活力。1993 年 7 月，英国出台《城镇中心及零售业发展规划指导政策》，推行"城镇中心优先"原则，从而促进英国高街保持持续繁荣发展，形成独特的商业文化魅力。2012 年，英国社区和地方政府部颁布了《国家规划及政策框架》，提出优先发展城市中心商业，在随后的规划政策中，对确保市中心活力提出更为明确的要求，更为精细地界定市镇中心的网络及等级。商户通过投票选举产生一个专业的商业街道管理机构，其职责涉及商业街的品牌形象建设、市场营销、区域改造、物业保养、物流配送、环境卫生、安全保护以及政策等多个方面，并代表政府确保了一个有序、高效的公共服务和管理体系的建立与运作。

4.2.4 政策支撑激发消费潜力

伦敦地铁系统通过一系列升级，包括更换列车、改造现代化车站，以及扩展线路，使得更多人能享受便捷的地铁出行，也促进了沿线地区的商业发展和房价上涨。北线的扩建项目吸引了大量居民和流动人口，推动了伦敦西南部地区的快速发展。

伦敦经济委员会发布了《不走寻常路的文化》报告，旨在支持小型文化组织，进一步夯实文化创意产业。伦敦还发起了"伦敦创造"活动，庆祝其作为世界上最具创造力的首都的地位。创意经济提供了超过110万个就业岗位，占整个英国创意产业经济产出的一半以上。

伦敦将超低排放区范围扩展至所有行政区，以减少有害汽车尾气的排放，使空气更清洁、安全。该政策不仅改善了环境质量，还通过罚款等手段为伦敦交通局带来了收入，主要用于投资运营和改善伦敦的交通网络，如"超级环线"项目，改善伦敦郊区的公交系统。

伦敦推出名为"Grow London"一揽子商业支持服务方案，通过鼓励创新创业、帮助初创公司拓展海外发展机会、提供创新激励计划等方式，支持高增长行业提速发展。这不仅赋能伦敦当地公司拓展海外业务，也通过伦敦发展促进署的海外办公室帮助海外企业在伦敦落地发展。

综上所述，伦敦的配套支持政策在交通、文化、环保和商业等方面都发挥了积极作用，有效地激发了消费潜力，促进了城市的可持续发展。

4.3　巴黎

4.3.1　以人为本提供优质消费环境

　　1996年，法国颁布《拉法兰法》，该法案要求细化城市规划，进一步限制建设大型商业网点设施，规范外国零售企业的进入和扩张，将城市商业网点建设纳入法治化轨道，维护了商业区活力和传统风貌区的发展。香榭丽舍大街通过整合商业活动、旅游和街道景观，取得了显著的效果。这条大街拥有20米宽的人行道，与车行道区隔，西段则变身为繁华的高端商业区域，吸引众多世界知名品牌入驻。巴黎凭借其丰富的文化资源，拥有超过300家博物馆和3 600家酒店，数量在全球城市中位居榜首。此外，巴黎注重以人为本，还人行道于行人，美化街道景观，人行道上种植了行道树，设置了供人休息的长椅，并且对公共汽车站和书报亭进行了统一规划设计，包括建设半开放式餐馆和提供露天座椅等，提升了游客的用餐体验和宜人的消费环境。

4.3.2　打造世界时尚之都提升商业魅力

　　巴黎以其丰富的时尚盛事、购物节和贸易会展等活动，吸引了全球消费者的关注。全球众多知名时尚品牌选择巴黎作为新品发布的平台，使其成为全球时尚设计中心，引领着世界时尚文化的潮流方向。作为欧洲的"展览中心"，巴黎每年举办超过400场商业展览会、

1 000 多场大型会议和 2 300 多场不同规模的活动，突显了其在展览行业的活跃地位。巴黎作为全球消费资源配置枢纽，体现在其对高端消费要素的虹吸效应与场景创新能力。国际奢侈品牌将巴黎作为全球首发地布局旗舰店，以香榭丽舍大街为核心，蒙田大道、奥斯曼大道等特色商业区形成复合型消费生态。巴黎通过品牌矩阵形成"时尚博物馆"效应，又以时装周、艺术季等沉浸式体验场景重构商业空间价值，不仅带动了核心商圈客流量的增长，也验证了文化资源向消费动能转化的有效路径。

4.3.3　高度全球化形成强劲的消费能力

根据巴黎大区投资促进局的数据，巴黎大区现有 1 210 万居民，其中非法国籍人口占到 13.7%，凸显了其国际化大区的特征。《财富》全球 500 强企业的总部在巴黎的数量位居全欧洲之首，且有 36% 的法国高级管理人员在此居住。在巴黎大区的众多学校吸引了 11.17 万名国际学生。此外，该地区的主要会议和展览中心每年平均迎来约 540 万访客。这些人构成了强大的消费力量，使巴黎大区经济总量最高，国内生产总值位居榜首。

2016 年法国政府出台了一系列总计 4 270 万欧元的促进消费推动旅游业发展的计划，放宽了国际游客退税政策。随着 2021 年末旅游业的逐步恢复，政府又推出了十年发展战略，旨在指导旅游业在后疫情时期的转型与升级，并详细规划了一系列具体行动。行动中还明确将"可持续旅游"、"优质体验"和"自行车旅行"作为未来 10 年法国旅游业发展的核心主题。2023 年，法国举行了橄榄球世界杯，2024 年，巴黎举办了奥运会，成为国家旅游推广的关键事件。2024

年，巴黎的游客数量达到 1 740 万人。法国旅游部公布，巴黎奥运会和残奥会为法国带来了 1 亿国际游客，在酒店预定、交通、奥运商品、时尚、体育等方面拉动了消费，创造了 710 亿欧元的收入。

4.4　东京

4.4.1　发达的交通提升综合服务水平和辐射力

东京的公共交通体系较为发达，形成了四通八达的立体交通网络，出行极为高效便利。首先，从公共运输系统旅客分担率看，轨道交通占 77.7%、巴士占 15.1%、出租车占 6.6%。其中，东京的地铁覆盖面非常广，地铁线路由东南海滨城市中心向北、向西扇形发展，呈放射式布局，并与市郊铁路衔接，每平方千米的地铁站数量为 1.66 个，日平均客流量为 1 100 万人次。其次，东京路网稠密，提高了通达性，主要商圈建有相互连通的地下廊道，人流可便捷地穿梭于不同消费场所。目前，东京 2 小时通勤圈内轨道网总长度达 2 365 千米，远远超过巴黎、纽约和伦敦。

4.4.2　金融体系助推消费提质升级

东京的经济实力体现在其庞大的金融和商业中心，是世界著名的国际金融中心。首先，许多国际金融机构和公司都选择在东京设立总部或分支机构，推动了东京的经济发展。其次，金融科技作为建设东京国际金融中心的主要抓手，为科技企业的成长提供支持。

集聚和培育金融科技公司是成为世界领先的国际金融中心不可或缺的要素。

东京作为日本的首都和经济中心，其消费金融的发展与日本整体消费金融行业紧密相连。消费金融的主要提供方有信用卡公司、消费金融公司、商业银行等，它们为消费者提供多样化的金融产品，如消费贷款、信用卡购物、分期付款等，满足了东京市民在不同消费场景下的金融需求，促进了消费市场的繁荣。东京的消费金融市场呈现出以下特点：一是随着家庭金融资产的增加，东京市民的消费能力得到提升，敢于消费成为民众的行为趋势；二是东京的消费金融市场面临着激烈的竞争，各金融机构不断创新产品和服务，以吸引更多消费者；三是日本政府和相关监管部门对消费金融行业实施严格的监管，以确保市场的稳定和消费者的权益。总的来说，随着科技的不断进步和金融市场的创新，东京的消费金融市场有望继续保持繁荣和稳定的发展态势。

4.4.3 行业融合的消费生态提高了经济贡献度

东京的发展不是以单一行业为支撑，而是商业、旅游、文化、体育、会展等诸多行业联动发展，从而实现消费的规模效应。首先，东京将商业与文化、旅游观光相结合，通过引入东京电影节、森美术馆等有较大影响力的文化活动和文化地标，提升了当地消费品牌形象，年接待国内外游客近 4 000 万人次。其次，"动漫+文旅"的创新结合，形成了完整产业链条，加速文旅融合，进一步提升品牌辨识度、知名度、美誉度。日本动漫产业涉及影视、旅游、出版、服装、网游等，具有用户黏性强、产业链长、可塑性高等特点，并实行政府主导下的"官产学研"一体化的创意产业经营模式，在国民经济中占有举足轻重的地位。动漫是日本主要的出口文化产品，特别是在美国以及其他亚洲国家有着良好的口碑与市场，培养了大批国际受众，使城市更新了自己的生活方式，增加了城市经济活力。

4.4.4 旅游观光提升消费国际化水平

东京在旅游政策体系构建上呈现出清晰的战略演进路径。2007年，日本内阁会议决定推进《观光立国推进基本计划》。2008年，在战略布局阶段，日本政府通过设立观光厅这样的专业化管理机构，同步优化入境签证政策与跨境消费激励体系，驱动消费增长与消费国际化进程。2018年，在深化发展阶段，东京都政府发布《东京都振兴观光产业执行计划2018》，提出促进游客扩大消费的观光经营、开发具有高吸客力的优质观光资源、加大面向海外推介东京的力度来展示本地魅力、加大对奖励旅游和展览会等大型活动的招揽、提升接待外国游客的环境、强化东京与日本各地的旅游合作等六个方面提升东京观光经济的能级，以促进日本消费和经济增长。2024年2月，东京都产业劳动局发布了《东京都观光产业振兴实施计划（2024—2026年）》，旨在将东京打造成为世界一流的观光都市，提升城市的全球吸引力，强化东京都作为旅游城市的国际竞争力。政策体系的持续升级，反映出东京从基础设施完善到文化价值输出的旅游发展战略转型。

4.4.5 经济政策拉动消费

日本在疫情后消费复苏中采取间接传导机制，通过宏观经济稳定策略实现消费端修复。政策设计形成系统性纾困框架：针对居民部门实施现金纾困和职业能力提升的组合方案，侧重保障基础消费能力；对企业部门推出信贷宽松和税费减免的组合拳，着力维护市场主体存续。通过数字化政策服务平台提升政策传导效率，确保救助资源精准触达。在此政策框架下，日本消费动能呈现渐进式修复轨迹，2020年第三季度起进入复苏通道，至2022年末商业销售总额突破150万亿日元阈值，高于疫情前水平。

4.5 新加坡

4.5.1 便捷的交通拉动自由贸易

新加坡位于马来半岛南端、马六甲海峡出入口，北隔柔佛海峡与马来西亚相邻，南隔新加坡海峡与印度尼西亚相望。新加坡的地理位置连接了太平洋和印度洋，使其成为东南亚地区的重要航运和贸易中心，具有重要的战略地位。

新加坡樟宜机场作为重要的国际航空枢纽，提供了广泛的国际航线，使得来自世界各地的游客和商务人士能够轻松抵达。众多廉价航空公司，如亚洲航空公司（AirAsia）、虎航（Tiger Airways）等提供了多种航班选择，进一步降低了前往新加坡的交通成本，吸引了更多的游客。新加坡提供了机场专车、机场短途巴士、地铁和公交车等多种机场交通方式，方便游客从机场快速到达市区或其他目的地，不仅便捷而且舒适，进一步提高了新加坡的旅游吸引力。

新加坡的地铁系统有两家运营商，覆盖了城市的各个重要区域和商圈，为游客和居民提供了便捷的出行方式。轻轨系统作为地铁的补充，提升了交通网络的覆盖面。

新加坡的自由贸易政策使得大部分货物可以零关税进入，吸引了大量的国际贸易和物流活动。优越的对外交通条件使得货物能够快速、高效地从新加坡转运至其他国家和地区，提升了新加坡作为国际物流中心的地位。

4.5.2 金融服务汇聚全球财富

2021年，新加坡汇集了159家银行、1 107家资本市场服务企业、79家保险公司、51家再保险公司以及82家自保公司，构建了一个多元化的金融市场体系。根据全球金融中心指数统计，新加坡在2022年被评为亚洲最大的金融中心，世界第三大金融中心。新加坡政府采取了一系列举措开放金融市场，并成功吸引了众多外资机构。在金融服务方面，新加坡将外汇交易作为其发展的重点，展现出其为国外客户提供服务的强大能力。根据世界交易所联合会（WFE）2019年的公布的数据，新加坡交易所境外企业的挂牌比例达到了35%，位居全球之首。

为了打造成为全球领先的财富管理中心，新加坡还推出了一系列政策措施。一方面，通过提供直接资金注入市场、离岸税收免除等激励措施，鼓励金融机构发展；另一方面，积极吸引全球私人财富家族办公室入驻，通过竞争性政策，增强其作为国际财富管理枢纽的吸引力。

4.5.3 刺激政策促进消费和旅游

新加坡的消费税从1994年开始实施，并多次上调以支持医疗开支和照顾本地年长者，到2024年，消费税已涨至9%，每年将创造35亿新元的税收。为减轻消费税上调对民众的影响，一些商家表示将承担上调部分。住在政府组屋的新加坡家庭可获得额外半个月的杂费回扣。符合条件的成年国人可获得特别现金补助，加上之前的现金补助，总补助金可多达800元。2025年，个人还可获得最高760元的水电费回扣，这将协助一房式和二房式组屋的家庭应付6个月的水电费。

2025年，新加坡个人所得税可享有60%的税收减免，最高可达200新元。企业所得税减免可达50%，最低2 000新元，最高40 000新元。2025年，新加坡将以家庭为单位发放800新元（约合人民币4 325元）的消费券；以纪念新加坡独立60周年的名义，2025年7月新加坡政府将向所有21岁至60岁、60岁以上的新加坡人分别额外发放600新元消费券和800新元消费券。

2024年2月，新加坡和中国正式实施互免签证政策，这一举措使新加坡成为中国公民出境旅游的热门选择，同时也有助于提升两国间的交流与合作。

这些政策不仅直接减轻了新加坡民众的生活压力，提高了他们的消费能力，还通过吸引外国游客和投资，促进了新加坡的经济发展。

4.6　经验总结

本章通过对纽约、伦敦、巴黎、东京、新加坡等国际消费中心城市发展路径的梳理，提炼出以下值得沈阳、大连借鉴的经验。

4.6.1　强化枢纽功能与立体交通布局

国际消费中心城市普遍注重交通网络的枢纽性和便捷性，通过港口、航空、轨道交通等多层次交通体系增强城市通达能力。纽约依托海港与航空枢纽联通全球贸易，东京以密集轨道交通串联核心商圈与周边区域。沈阳、大连可优化海陆空交通衔接，提升枢纽能级，同时通过智慧交通管理缓解拥堵，增强可达性。

4.6.2　推动多业态深度融合

国际消费中心城市通过"文化+商业+旅游"模式提升消费吸引力。伦敦西区以戏剧产业衍生文旅消费链，巴黎以时尚盛事联动高端购物与会展经济。沈阳、大连可挖掘本地历史文化资源，推动工业遗产、特色民俗与商业空间结合，培育文旅 IP，打造差异化消费场景，同时发展首发经济、沉浸式、体验式等消费新业态，提升商圈活力。

4.6.3　精准政策支持与优化消费环境

国际经验表明，国际消费中心城市建设需政策引导与市场机制协同发力。纽约通过税收减免扶持中小企业，新加坡以消费券和免税政策刺激购买力，巴黎通过立法平衡商业扩张与传统风貌保护。沈阳、大连可探索灵活税收激励、简化审批流程，支持本土品牌创新，改造城市消费空间，同时完善消费配套服务，保障消费者权益，营造安全、便利的消费环境。

4.6.4　塑造文化品牌与全球影响力

国际消费中心城市注重以文化软实力提升消费魅力。伦敦通过创意产业输出文化价值，东京以动漫 IP 拓展国际受众。沈阳、大连可依托区域文化特色，举办国际性节展、体育赛事，加强城市品牌的海外传播，吸引全球游客与投资，同时推动本地消费品牌国际化，增强城市辨识度与竞争力。

综上所述，沈阳、大连需立足区位优势与产业基础，从交通联动、产业创新、业态融合、政策赋能、文化输出等方面协同发力，逐步构建具有国际影响力的国际消费中心城市。

第 5 章
国内经验借鉴

自 2021 年国务院批准上海、北京、广州、天津、重庆率先开展国际消费中心城市培育建设工作以来，五个城市已经积累了宝贵的实践经验。据新华社中国经济信息社编制的《2023 全球消费中心城市发展报告》，2022 年这五个城市以仅占全国 8% 的人口贡献了 13.2% 的消费总量。

5.1　上海

上海通过"首发引领、政策赋能、金融助力、国际对标"，成功探索打造国际消费中心城市的"上海路径"。

5.1.1　"首发经济"激发消费活力

上海市 2024 年推出的促进首发经济专项政策，聚焦构建全球新品首发高地战略目标。新品首发的数量和质量是评价一个城市消费潜力的关键标准。首发经济的具体举措包括：设立每年 3 月到 5 月为年度"首发上海·FIRST in Shanghai"品牌推广季，建立全球新品发布窗口期；实施首店经济培育计划，对具备行业引领力的国内外品牌旗舰店落地给予专项扶持；建立首发活动评估体系，从新品创新性、活动影响力、传播效果等维度进行综合评价，对符合标准的首发、首秀、首展活动，按场地租赁、搭建布展及宣传推广实际支出的 30% 提供补贴，单项目最高资助额度达 100 万元。该政策体系通过系统化制度设计，强化上海在全球消费市场的资源配置与趋势引领功能。

根据 2023 年"上海全球新品首发季"的数据，上海成功举行了超过 320 场涉及国内及国际品牌的首发主题活动，有力推动了市场的多元化和活跃度。新开的 156 家旗舰店中不乏全球知名高端品牌，它们纷纷在上海举办了首次展示活动。同时，284 家传统品牌也推出众多新的国潮流行产品，新认定的 104 个上海老字号品牌也集体展现在公众面前。2024 年，上海新增各类首店 1 269 家，其中高能级首店占比达 17%，相当于平均每天就有 3 家"首店"在上海与消费者见面，2025 年 1 月，上海已有 68 家首店落地开幕，不少商圈也会把"首店""首发"作为特色打造。

"首发经济"不仅是城市吸引消费流量的关键，更是城市消费创新能力的重要标志。上海通过培育特色鲜明的"首发经济"，巩固了作为全球新品首发地的地位，逐渐成为建设国际消费中心城市的重要品牌资产。

5.1.2　融合多元化商业业态、消费场景、消费模式

上海不仅在传统商业领域保持领先地位，还在新型消费业态方面进行了积极探索。通过推动绿色消费季等活动，上海在绿色消费领域形成了新的增长点。上海的商业综合体引进新品牌，调整品牌组合和业态分布，使得商业更加多样化、品质化、个性化。上海长风大悦城以"年轻、时尚、潮流、品位"的品牌属性为核心，联动周边旅游、文化、体育等资源，为消费者提供了更加多元化的商业业态。

此外，上海以发展大健康、商旅文、数字化等融合化服务消费，形成了多元化的服务消费新业态。上海通过城市体验"+"年华等活动，推动了不同服务消费领域企业的跨界合作，打造了别具一格的标志性、综合性促进服务消费的品牌活动，涵盖了文旅、健康、信息、

体育、交通、会展等多个领域，为消费者提供了丰富的消费选择。

上海推进数字化服务消费，通过电商平台、移动支付等方式，为消费者提供了更加便捷、高效的购物体验。上海把"推动服务消费领域场景跨界融合发展"作为促进本市服务消费提质扩容的发力点之一。通过打造融合化服务消费场景，如创新大健康服务融合消费模式、推进商旅文体展深度联动，为消费者提供了更加丰富的消费体验。

5.1.3 金融创新助力消费供给

上海在建设国际消费中心城市的过程中，金融体系发挥着基础性作用。金融机构通过创新服务机制构建多层次赋能架构：中国银联联合商业银行设立 2 000 万元专项资金池及 10 亿元"助企贷"专项额度，定向扶持消费领域创新项目；与商务主管部门建立"政策-资本"协同机制，针对消费新场景开发实施定制化融资方案，有效降低市场主体融资成本。通过"金融助力计划"的系统推进，形成定向扶持、精准服务、生态优化的支持网络，为消费业态创新提供全周期金融保障，加速构建具有全球资源配置能力的消费创新生态系统。

5.2 北京

北京建设国际消费中心城市的思路是突出首都功能，构建"国际消费体验区、城市消费中心、地区活力消费圈和社区便民生活圈"四级商业消费空间结构。

5.2.1　以品牌培育打造消费新高地

北京致力于培育和发展本土品牌，增强其在全球消费市场中的竞争力和影响力。首先，故宫、王府井和隆福寺构成"文化金三角"，将其塑造成彰显北京文化的消费地标。将前门大栅栏商圈塑造成以"老字号国潮"为特色的传统文化消费区，凸显其深厚的文化底蕴与现代潮流的融合。其次，大力发展首店、首发经济，通过创建具有北京特色和全国示范效应的全球首发中心，加强首店、首发的品牌集聚。再次，完善本土品牌的培育和孵化体系，通过设立"北京品牌"活动专区，推动老字号品牌向数字化转型，焕发新的活力。最后，北京市构建全周期品牌培育体系，打造融合美食创新、时尚潮流与绿色消费的多元化品牌矩阵。2024年2月出台的《推动北京餐饮业高质量发展加快打造国际美食之都行动方案》，部署7大专项行动覆盖22项重点任务，明确到2025年完成三大核心指标：引进国际知名餐饮品牌超500个，建设夜间美食地标街区30处，培育本土老字号创新示范店100家。该方案通过建立米其林餐厅引进绿色通道、非遗技艺传承人工作室等制度创新，推动消费市场提质扩容。

5.2.2　更新消费空间实现消费升级

建设CBD×三里屯、丽泽×首都商务新区的国际消费体验区方案实施以来，北京新开大型商业设施面积超过150万平方米，出台了很多促进多元消费业态融合的高质量行动方案，形成了街区、近山、亲水、赛事、演艺、夜间、数字共7大场景100多个可复制推广的案例。北京市政府修订了一刻钟便民生活圈评价体系，全市已有14个区入

选商务部建设一刻钟便民生活圈试点，累计建成一刻钟便民生活圈
693 个，覆盖社区 2 290 余个，服务人口 990 余万，配置便民网点超
6.8 万个。

5.2.3　促进商旅文体多元消费融合

2024 年，作为国际交往中心，北京加速聚集全球性优质消费资
源，创新多元消费场景，持续打造国际化消费环境，推出一系列文商
旅体融合促消费活动，不断增强消费对经济发展的基础性作用。北京
市着力构建多维度商业业态协同发展体系，计划至 2025 年形成商旅
文体农深度融合的消费生态。重点实施四大路径：其一，空间融合创
新，系统开发 10 条以上多元消费融合代表线路，引导核心商圈实施
业态升级，打造文商旅示范载体。其二，山域场景拓展，依托京郊山
区生态资源，完善交通基础设施与休闲服务配套，重点培育山地运
动、冰雪体验、生态农旅等近郊消费集群。其三，水域价值激活，推
动永定河滞洪水库等滨水空间全线开放，构建亲水休闲消费网络。配
套出台文旅融合高质量发展专项政策，推动密云古北水镇认定为北京
首个国家级旅游度假区。其四，塑造服务消费新优势。举办国际滑联
速度滑冰世界杯等 6 项高水平国际冰雪赛事，中网票房总收入超
8 000 万元创历史新高。9 家万平方米以上专业展览场馆举办各类活动
289 场，同比增长 24%。

5.2.4　创新消费模式打造智慧新生活

鼓励平台企业发挥带动作用，大力发展平台经济，支持开展直播
带货、社区团购等新型营销，培育壮大网络消费市场，推动建立一批

直播电商总部与结算中心。支持企业进一步拓展网络自营销售渠道，引导电商服务企业加大服务力度。通过搭建对接平台推动实体商业与电商、新媒体合作，推广社交营销、直播卖货、云逛街等新模式，在重点商业街区布局8K显示系统试点超高清演出、赛事直播等应用，支持线上线下融合办展等。2025年，中国银联与Visa携手合作，共建银联–Visa"北京中轴线无障碍支付服务旅游示范区"，将提供全场景外卡受理、多元创新支付、无障碍ATM取现、支付安全保障等多元化支付服务，构建开放、包容、多元、便利的智慧化支付环境。

5.2.5 优化"科教医养展"服务消费供给

2023年北京发布《加快恢复和扩大消费持续发力北京国际消费中心城市建设2023年行动方案》，提出培育数字消费新场景新生态，加大对消费类应用场景关键核心技术、共性技术的政策支持。2023年，北京市培育建设国际消费中心城市，市教委国际教育供给提升工作组按照"清单化管理、项目化推进"要求逐一推进重点工作落实落细落地。营造"类海外"教育环境，围绕区域产业布局和国际人才子女就学需求，在8个国际人才社区新布局了24所国际学校。积极培育"留学北京"品牌，推动首都高校来华留学项目。2025年，北京举办科技主题活动，小米、联想等知名科技企业携手商圈内众多商户，共同打造一个集前沿科技展示、互动体验、潮流产品售卖与餐饮娱乐为一体的潮流消费电子市集。同时，北京市政府不断提升医疗医保服务水平，发展"互联网+"健康医疗，推动普惠健康保产品优化升级。加快促进养老消费市场发展，推出一批"康、养、游"一体的中医药健康旅游线路。加强优质展会和市场主体引进和培育力度，加快打造北京会展金名片。

5.3 广州

广州深度推进五大关键工程——"尚品""提质""强能""通达""美誉",旨在将广州塑造成一个聚集全球消费者、销售全球商品,并且将本地产品推广至全球市场的国际消费热点城市。

5.3.1 构建特色产业型、流量型、服务型消费体系

首先,广州以纺织品、时尚服饰、美容化妆、珠宝饰品及箱包皮具等本地特色产业为基础,构建一个整合服饰、美妆、珠宝和箱包的综合性消费产业体系,以特色产业推动消费模式创新发展。广州利用产业发展的优势来推动展会向特色化、专业化和潮流化方向发展。其次,扩大电子商务的消费流量,形成一个以流量为驱动的消费体系。最后,提升"食在广州"的品牌价值,强化其作为美食之都的形象。并打造"医养高地"的品牌形象,展示城市在医疗健康领域的服务实力。同时,广州借助"体育名城"的美誉,完善"世界赛事、广州举办"的赛事品牌体系,打造以服务为核心的消费体系,增强城市的服务功能和全球吸引力。

5.3.2 建设"一带两区一轴"世界级消费功能核心承载区

广州致力于构建具有全球影响力的消费功能核心区域,通过"一带、两区、一轴"的空间布局策略,促进消费服务的全面提升。"一

带"即沿着珠江打造具有全球影响力的消费服务业发展带，集合数字商贸、直播电商、特色文化和旅游休闲等多功能服务，形成一条世界级的消费服务发展轴线。"两区"则指集成中央活力区和南沙滨海新城，突出其国际文化旅游消费的潜力，打造成为国际消费旅游目的地，吸引全球游客体验广州的文化魅力和消费环境。"一轴"是拓展和提升广州城市新中轴线，从广州东站、体育中心及周边区域，到琶醍、环海珠湿地、海珠创新湾等消费地标和景观节点，形成一条连续的消费地标带，同时向南延伸与南沙相连，形成一个集中展示广州消费特色的地标集群。

5.3.3 布局"5+2+4+N"商圈体系

广州着力于推动商业空间的多元化、综合性和高品质发展，旨在提升消费空间的整体性、辨识度和引领趋势的能力，塑造全新的消费体验场景和具有标志性的地标。2023 年 7 月，广州政府公布的《广州市重点商业功能区发展规划》，提出匹配国际消费中心城市建设目标，打造 5 个世界级地标商圈、2 个具有世界影响力的岭南特色商圈，以增强广州特色商业街区的吸引力和国际竞争力。在广州北站-白云机场、广州南站、南沙湾（南沙邮轮母港）以及广州东部交通枢纽这四个交通枢纽区域培育国际知名的商圈，通过枢纽型商圈的集聚和辐射功能，引领和带动整个大湾区的发展。最后打造若干满足人民群众需求的新型城市级商业中心。

5.3.4 顶层设计形成工作合力

在组织架构上，构建一个从顶层到基层、从横向到纵向全面覆盖的管理体系，确保在培育和建设工作中形成协同合作。各级政府及相关部门协同推进，已经发布了一系列有针对性的措施和配套政策，其中市、区部门联合发布的相关政策措施总计达到 152 项。在规划层面，广州制订了"1+11"的工作方案和"3+11+N"的专项规划体系，涵盖了不同层面和领域。从宏观的战略布局到具体的规划实施，再到细致的操作执行，实现了从上到下的全方位贯通，确保培育和建设任务明确化、项目化，进而将每一项任务细化为具体的清单，进行责任分配，使每一项工作都能有效执行和监督。通过建立机制和全面规划，广州稳步推进国际消费中心城市各项建设工作顺利实现。

5.4 天津

天津构建"一个中心、多点支撑"的商圈格局，打造面向东北亚、辐射俄罗斯和中东欧的特色型国际消费中心城市。

5.4.1 聚焦特色资源建设国际知名消费目的地

在消费功能提升战略中，天津着力构建多维度特色消费体系。水域消费维度，通过开发主题化游船产品构建海河消费廊道，打造滨水消费地标集群；海洋经济维度，构建亲海消费体系，创新"邮轮母港+城市观光"联动模式；历史资源维度，活化五大道等历史建筑遗产，塑造"万国建筑博览"主题消费场景；口岸经济维度，依托天津港枢纽优势，强化平行车进口与跨境电商产业联动，布局"保税展示+即时零售"新型商业终端；生态文旅维度，推进盘山文化旅游区提质工程与长城国家文化公园建设，形成山野休闲消费矩阵，提升城市消费能级与特色标识度。

5.4.2 打造国际知名地标商圈

在商业空间体系优化层面，天津着力构建梯度化商业网络架构：第一层级打造具有全球影响力的消费地标，第二层级培育主题化特色商业集群，第三层级完善区域级消费节点，第四层级织密社区生活服务网络。实施商业重点工程：包括启动金街核心区迭代计划，塑造国际级商业标杆；活化历史建筑集群，塑造兼具本土文化特质与国际时尚风格的特色商业空间；推动商业、文旅、体育等业态多维度融合，培育具有地域标识度的活力商圈；同步推进区域商业能级提升，完善"一区一核"的区级商业中心网络，强化社区商业便民服务功能。

5.4.3 丰富供给培育国际化消费品牌

壮大升级消费产品品牌，擦亮老字号"津"字招牌，推出更多非物质文化遗产、老字号"天津礼物"。打造"夜津城"场景品牌，培育夜间消费业态聚集地，打造高品质夜间消费品牌。做强"津味"美食品牌，提升"津味早点""天津小吃"影响力。培育周末旅游项目品牌，实施以面向京冀游客为重点的"I游天津"工程，打造周末游、周边游首选目的地。

5.4.4 创建国际化消费场景

加速商业、旅游、文化、体育等领域的深层次整合发展。支持各类消费场所扩展空间举办文艺演出，提升文化氛围，同时实施"体育+消费"的升级计划，丰富市民及游客的消费选择。重点培育和发展智能化、数字化消费，通过政策支持和市场引导，推动在线医疗、数字文娱、线上旅游、即时零售、直播电商等新兴消费形式，以满足现代消费者对于便捷、智能消费的需求，加速消费模式的创新与消费升级，吸引更多国内外游客和消费者，同时提升市民的生活品质。促进绿色健康消费，鼓励新能源汽车消费，创建绿色商场，大力发展"银发经济"。

5.4.5 塑造国际化会展赛事IP

天津着力于国际形象，精心策划和推广了一系列具有高辨识度和文化深度的城市IP，不断提升城市的全球知名度、口碑及影响力。天津致力于成为国际会展中心，通过举办一系列高水平的标志性展会，以及培育和引进专业的展会项目，进一步加强其在会展业的领导地位。引进和举办一系列高端的体育赛事和文化演艺活动，加速打造成为"运动之都"；还有电影节、设计周、时装秀、音乐节、演唱会等多样化的活动，以及与知名IP相关的艺术展、主题展和巡回展，以此丰富天津的文化生活，吸引更多的国内外目光，提升城市的国际形象和吸引力。

5.5 重庆

重庆建设国际购物、美食、会展、旅游、文化"五大名城"，开展渝货精品培育、特色服务品牌塑造等"十大工程"，打造富有巴渝特色、辐射西部地区、面向东南亚、南亚的特色型国际消费中心城市。

5.5.1 形成全球消费配置枢纽

重庆集聚国际消费资源，打造消费资源全球配置枢纽，建设全球优质市场主体集聚地，大力发展首店经济。培育壮大渝货精品，即实施增品种、提品质、创品牌"三品"战略，包括振兴巴渝老字号，着力打造全球重要的汽车、摩托车研发、制造、应用基地，发展纺织服装等优势消费品工业，做强区域品牌，发展壮大特色品牌。挖掘巴渝文化、三峡文化等特色资源，建设辐射西部的文化产业消费高地。

5.5.2 增强区域消费辐射力和影响力

在国际消费中心城市建设框架下，通过双维度战略布局强化资源配置能力。其一，依托陆海新通道与中欧班列构建复合型国际物流网络，提升全球商品集散效率与国际客流枢纽功能。其二，深化跨境协作机制，重点推进成渝双城经济圈协同发展，共同塑造具有巴蜀文化特色的国际消费枢纽。其三，与粤港澳大湾区建立常态化产业协作平台，推动区域消费要素互联互通与标准互认，系统提升消费资源配置的全球化水平与区域协同效能。

5.5.3 夯实消费环境支撑消费

重庆不断优化国际消费环境，具体包括提升消费监管服务水平、构建便捷综合交通网络、塑造宜居宜业宜游城市形态、打造舒适便利社区商圈等。强化消费促进机制，从财税金融、土地政策、高端人才、营商环境和全球营销等方面，为挖掘消费潜力、增强消费动力、释放消费活力，提供坚实支撑。

5.5.4 统筹推进八大板块

重庆通过加强组织领导、试点示范、评估考核和宣传引导，扎实推进培育建设工作。此外，重庆市已经构建了一套针对重点项目的资源库，并且制定了详细的项目目录。该系统将重点发展"国际消费中心城市核心承载区、国际消费标志性商圈、国际消费新场景、国际消费特色名街名镇名区、国际文化旅游项目、国际标志性会展项目、国际物流配送体系、国际消费环境优化工程"八大板块，并确保各项工作能够稳步高效地向前推进。

5.6 香港

中国香港作为国际消费中心城市，凭借其独特的地理位置、较强的全球影响力，在世界消费市场中占据重要地位，并以其繁华的商圈、丰富的国际品牌、便利的交通和全方位的购物体验，吸引了世界各地的消费者前来购物和娱乐。同时，中国香港的经济复苏和消费增长也为其作为国际消费中心城市增添了更多活力。

5.6.1 利用区位优势助力辐射效应

中国香港坐落在东亚大陆最南端，其得天独厚的地理位置令其成为连接太平洋和印度洋的航运中心，同时与中国内地的广阔腹地便捷相连。中国香港的地理优势，不仅因其背靠中国广阔市场，面向世界，更得益于其世界级的基础设施、高效的区域交通网络、先进的海空运输体系，以及在全球领先的数字和通信设施。借助这些优势，中国香港成为国际企业及资本进入中国内地市场的重要门户，并在交通、物流、信息交流等方面表现卓越，成为商业和金融中心，也是内地与世界进行商业、贸易、投资、信息、人员交流的枢纽和节点，辐射效应持续扩大。

5.6.2 自由贸易夯实国际消费中心城市地位

中国香港把握住了全球产业向亚洲转移的浪潮，持续推动产业转型升级，又从加工制造中心蜕变成全球贸易航运中心，成功转型为发达的服务型经济，夯实了国际消费中心城市的基础。

零关税政策加速了全球商品汇聚，使中国香港成为"世界购物天堂"。中国香港实行的自由贸易港政策，货物清关便捷、人员进出方便，约170个国家和地区的国民可免签证入港进行商务探访、探亲或观光旅游。所以，人流、物流、商流、资金流、信息流在中国香港交汇集聚，为其成为国际消费中心城市提供了支撑。中国香港文化产业发达，包括电影、华语流行音乐、美食等更是成为亚洲潮流先锋和代表，造就了东西方文化交汇、融合的国际消费中心城市。

5.6.3 筑牢国际金融地位保持经济繁荣

中国香港是全球重要的国际金融中心和融资市场，也是全球银行业最为集中的城市之一，外汇交易、资产及财富管理金额都处于世界前列。根据GYBrand发布的2024年度国际金融中心指数IFCI14报告，中国香港位列全球第三，仅次于纽约和伦敦，其指数得分为823.1，与第二名的伦敦得分相近，显示出其强大的国际金融中心地位。中国香港作为国际金融中心，吸引了大量国际资本和金融机构入驻，不仅为本地居民提供了更多的投资和理财选择，也带动了相关服务业的发展，如财富管理、保险等，从而刺激了消费市场的活跃度。

5.6.4 持续改善营商环境

中国香港打造优质的营商环境，社会廉洁高效，制度健全、透明度高，让企业拥有公平的竞争环境。充分利用自由港的政策优势，零关税、低税率、简税制，确保了货物、资金、资讯、人才的自由流动，营商环境、创新力、竞争力在全球都处于前列，相关指标均能保持高位并且持续进步。中国香港在全球创新体系与综合竞争力格局中展现出持续提升的发展态势。根据权威机构评估数据，中国香港在2023年全球创新指数排名跃升至第17位，其中创新投入维度高居全球第8位，创新产出维度提升至第24位。瑞士洛桑国际管理发展学院发布的《2024年世界竞争力年报》进一步印证其竞争优势，中国香港综合竞争力排名强势回升至全球第5位，四大评估维度呈现全面提升。营商效率与基础设施两大指标跻身全球前十阵营，政府效率稳居全球前三甲，经济表现显著改善。这种多维竞争力的提升，巩固了香港作为亚太核心商业枢纽的地位。高效透明的监管体系、国际化的专业服务能力及自由港制度优势，持续吸引跨国企业区域总部与创新机构集聚。截至2023年年末，驻港地区总部企业数量突破4 000家，较疫情前增长12%，形成"企业集聚—服务增值—消费升级"的良性循环，为消费市场注入持续活力。

5.7 粤港澳大湾区

推进粤港澳大湾区建设是习近平总书记亲自谋划、亲自部署、亲自推动的国家战略。粤港澳大湾区建设承载着国家战略的重要使命，对推动中国经济高质量发展、促进区域协调发展以及提升国际竞争力具有深远意义。

5.7.1 经济总量保持快速增长

粤港澳大湾区的经济总量近年来持续快速增长。2023年，粤港澳大湾区经济总量突破14万亿元人民币，2024年约为14.79万亿元，经济规模跻身全球湾区第一梯队。2024年，深圳地区生产总值为3.68万亿元，同比增长5.8%；广州地区生产总值为3.1万亿元，同比增长2.1%；香港地区生产总值折合人民币为2.92万亿元，同比增长2.5%；澳门地区生产总值折合人民币为3 660亿元，同比增长8.8%。其他城市如佛山、东莞、惠州等均为大湾区的重要城市，其经济总量也在稳步增长。随着粤港澳大湾区建设的深入推进，其经济总量有望继续保持快速增长。

产业集群形成强力支撑。粤港澳大湾区已形成通信电子信息产业、新能源汽车产业、无人机产业、机器人产业，以及石油化工、服装鞋帽、玩具加工、食品饮料等产业集群，为粤港澳大湾区的经济增长提供了强有力的产业支撑。

5.7.2　实现互联互通打造开放湾区

港珠澳大桥的建成通车，实现了港澳与内地的高效连接，极大提升了粤港澳大湾区内的交通便捷性。据统计，2024 年，经港珠澳大桥珠海公路口岸出入境客流与车流分别超过 2 700 万人次和 555 万辆次，同比分别增长 72% 和 71%，双双创历史新高。深中通道的建设将缩短深圳至中山的车程，从目前约 2 小时缩短至 30 分钟，进一步促进大湾区内的交通互联。广东省计划推进"轨道上的大湾区"建设，加大投资力度，建设高铁和城际铁路，以构建更加完善的交通网络。

口岸通关便利化。粤港、粤澳间口岸相继开通，莲塘/香园围口岸、新横琴口岸、青茂口岸等，提升了粤港澳三地的通关效率。中国香港西九龙高铁站直通全国 68 个站点，成为粤港澳大湾区最繁忙的口岸之一，极大促进了粤港澳三地的人员流动。

大湾区各地大力发展智慧交通、智慧市政，推动电子支付系统的互联互通。香港居民可以通过微信香港钱包在内地超过 100 万家商户进行消费，覆盖衣、食、住、行等消费场景。

5.7.3　"双向消费"助推消费结构优化升级

粤港澳大湾区的双向消费模式，即内地与港澳之间的消费互动，不仅促进了区域内消费的持续增长，还推动了消费结构的优化和升级。随着"港车北上""澳车北上"等政策的实施，以及深港公交、地铁扫码互通等便利措施的推进，内地与港澳居民之间的双向流动更加频繁，消费互动更加紧密，不仅扩大了消费市场规模，还促进了消费品质的提升和消费模式的创新。

粤港澳大湾区各城市通过差异化政策工具构建互补发展格局。深圳通过制度创新强化深港消费融合，2022年率先出台《深圳市关于加快建设国际消费中心城市的若干措施》，以中英街改造工程为载体打造深港跨境消费示范区，同步建立与前海、河套的消费创新联动机制；2023年升级推出"五大领域21项"刺激方案，重点突破跨境支付、港人置业等制度瓶颈，建立大湾区首个消费纠纷跨境仲裁中心。广州着力构建区域消费枢纽功能：2023年印发实施了《广州市建设国际消费中心城市发展规划（2022—2025年）》，明确"湾区消费资源配置中心"定位，与港澳共建跨境消费金融创新实验室，在数字人民币跨境结算、中医药服务贸易等领域形成12项制度创新成果。中国香港以活动激活消费引擎：2024年推出"日夜都缤纷"系列活动，通过水上烟花汇演、全城促销形成"月月有主题"的消费节奏，叠加"一签多行"政策优化。三地协同机制为大湾区建设世界级消费城市群提供实践路径。

大湾区的融合在消费需求、消费特征、生活方式等方面出现了新变化，内地旅客赴港和香港市民赴内地城市跨境消费持续火热，跨境流动呈现"双向奔赴"态势。跨城消费推动了区域经济的协同发展，加速了产业融合与升级，促进了文化的交流与融合，增进了港澳与内地人民的相互了解和认同。此外，双向跨城消费还带来了消费模式的创新，为市场注入了新的活力，对于推动大湾区深度融合、提升整体竞争力具有重要意义。

5.7.4 推进三地共建人文湾区

《粤港澳大湾区发展规划纲要》明确提出"共建人文湾区"，为粤港澳三地文化交流和人文湾区建设提供了政策支持。粤港澳文化同根同源，具有深厚的历史底蕴和丰富的中西文化元素。三地通过不断深化文化交流与合作，促进文化交融互通，为人文湾区的建设奠定了坚实基础。粤港澳三地共同挖掘和保护文化遗产，推出了一系列文化遗产游径，如西学东渐文化遗产游径、非物质（粤剧）文化遗产游径等，串联起了粤港澳三地的共同记忆，成为推动三地文化交融的重要载体。粤港澳三地合作举办多项文化艺术活动，粤剧串烧表演、国家级非遗英歌舞等活动，不仅展示了三地文化的独特魅力，也增进了人民的文化认同和归属感。三地还积极推动文化产业合作，共同打造了一批具有湾区特色的文化品牌，"粤港澳青年文化之旅"已经成为粤港澳三地青少年文化交流的重要品牌。

积极建设新型公共文化空间，为群众提供优质的公共文化服务。广东省推广广州永庆坊经验，加强历史文化街区和岭南特色建筑的挖掘利用，为市民提供了丰富的文化体验。中国香港和中国澳门也分别建设了博物馆、戏曲中心、当代国际视觉文化博物馆 M+ 等文化设施，为市民和游客提供了高品质的文化享受。

粤港澳三地积极推动文化与科技的融合创新，利用新技术手段推动文化产业的发展。广东的舞狮传统与动画科技结合，推出了动画《雄狮少年》等优秀作品，为文化产业发展注入了新的活力。三地还积极探索文化产业与教育、旅游等融合发展新模式，通过文化产业的创新发展带动其他产业的协同发展。

5.8 经验总结

国际消费中心城市建设是全球化背景下城市能级提升的重要路径，上海、北京、广州、天津、重庆、香港及粤港澳大湾区等国内领先城市和区域通过差异化探索，形成了各具特色的实践经验，为沈阳、大连建设国际消费中心城市提供了可借鉴的经验。

5.8.1 枢纽功能强化城市辐射能级

国际消费中心城市需以高效的交通体系为支撑，增强对周边区域乃至全球的资源吸引力。上海依托空港、深水港与高铁网络构建"海陆空"联运枢纽，联动长三角消费市场；广州以白云国际机场和南沙港为核心，打造"双循环"节点；重庆通过中欧班列与长江黄金水道衔接，激活内陆开放消费潜力。沈阳、大连可立足东北亚区域优势，完善港口、航空与陆路交通的立体衔接，强化对东北腹地、东北亚国家的资源集散能力，同时通过智慧物流和跨境通道建设，提升要素的全球流动效率。

5.8.2 业态融合激发消费场景创新

消费活力源于多元业态的深度融合。北京通过"文化+科技"赋能传统商圈，将王府井、三里屯等老牌商业区升级为沉浸式体验空间；上海以"首店经济""夜间经济"为抓手，推动商业与艺术、电竞等跨界联动；重庆依托山城地貌打造洪崖洞等文旅地标，以"场景消费"激活城市记忆。沈阳、大连通过挖掘工业遗产、滨海文化等本地资源，推动商业与文旅、体育、康养等业态嫁接，培育特色主题街区、工业遗址创意园区等消费新场景，同时引入沉浸式展览、数字消费等新模式，增强消费黏性。

5.8.3 政策创新优化消费生态

政策制定需兼顾激发市场活力与消费环境保障。中国香港通过免税政策、自由港制度吸引全球商品与客源，构建国际化消费环境；天津以自贸试验区为平台，探索跨境电商、保税展示等制度突破；粤港澳大湾区通过"一程多站"旅游签证、跨境支付便利化等区域协同政策，促进消费互联互通。沈阳、大连应探索东北亚特色免税政策、简化跨境消费结算流程，同时强化消费者权益保护、完善商业信用体系，打造安全、便利、包容的消费环境，增强国内外消费者的信任感。

5.8.4 文化IP塑造城市品牌辨识度

国际消费中心城市的建设离不开文化软实力支撑。北京通过故宫文创、环球影城等超级IP输出文化价值；上海以"时尚之都""设计之都"举办国际时装周、艺术博览会；广州依托广交会、美食文化节推动"商贸+文化"品牌出海。沈阳、大连立足老工业基地历史、满族文化、海洋文化等特色，孵化本土文化IP，如工业主题博物馆群落、非遗手作体验中心等，并通过国际性节展、赛事活动提升城市品牌曝光度，将文化符号转化为消费吸引力。

5.8.5 区域协同放大集聚效应

粤港澳大湾区的实践表明，国际消费中心城市建设需突破单点思维，强化区域联动。香港发挥金融与贸易优势，深圳依托科技创新，广州深耕商贸流通，三地通过资源共享与功能互补，形成"消费+服务+制造"的生态闭环。沈阳、大连加强合作，并与东北其他城市、环渤海经济圈协同合作，共建区域消费服务网络，联合开发跨境旅游线路、共享物流基础设施、协同举办东北亚特色商品展销会等，以区域一体化提升整体竞争力。

综上所述，沈阳、大连需立足东北振兴战略与东北亚开放格局，以枢纽建设为基、业态创新为翼、政策赋能为引、文化深耕为魂、区域协同为脉，逐步构建具有国际辨识度高、区域辐射力强和本土特色凸显的国际消费中心城市，为东北地区高质量发展注入消费新动能。

第6章

沈阳、大连建设国际消费中心城市的基础现状

本章通过对沈阳、大连两市的经济基础、区位优势、产业格局、商业生态和对外开放水平多维度进行分析，系统梳理两市建设国际消费中心城市的基础条件和优势。

6.1 沈阳建设国际消费中心城市的现状

6.1.1 经济发展情况

（1）经济增长势头强劲

经济增长是建设国际消费中心城市的基础支撑。一方面，经济总量的持续扩张与人均收入的稳步提升，直接增强居民消费能力和消费信心，为消费升级、市场扩容提供支撑。另一方面，经济增长驱动的产业升级与技术创新，能够催生新业态、新场景、新供给，形成"以产促消、以消引产"的良性循环。同时，经济繁荣吸引全球资本、人才、品牌加速集聚，助力城市完善消费基础设施、优化消费环境，最终通过"经济势能—消费动能—城市能级"的传导链条，筑牢国际消费中心城市的根基。2024年，沈阳市地区生产总值为9 027.1亿元，增速5.2%，自2022年以来连续3年超过全国、全省平均水平。社会消费品零售总额为4 372.6亿元，增速3.9%，增速高于全国平均水平0.4个百分点；一般公共预算收入增速高于全国2.7个百分点。从以上数据可以看出，沈阳经济增长态势为建设国际消费中心城市提供了坚实的基础。

（2）消费市场持续回升

在实施消费策略层面，沈阳通过多维政策工具激活市场动能，制定实施消费促进专项政策包，开展主题消费促进季系列活动，创新打造沉浸式消费体验空间，有效地释放居民消费潜力，推动消费市场复苏，展现出供需两端协同发力的积极成效。2024年，全市社会消费品零售总额为4 372.6亿元，增速为3.9%。其增速在全国15个副省级城市中与大连并列排名第5位。沈阳全口径社会消费品零售总额在东北地区总量最大，是大连的2.1倍、长春的2倍。2024年，沈阳全力推动大规模设备更新和消费品以旧换新，出台了《沈阳市推动大规模设备更新和消费品以旧换新实施方案》，制定了《"两新"支持政策清单》，涵盖各级支持政策47项，全年争取国家和省支持资金总计23.38亿元，其中工业企业设备更新等7个领域共28个设备更新项目，获国家补助共计7.83亿元；争取消费品以旧换新资金共计15.55亿元。

（3）高质量发展提速增效

在产业结构优化进程中，沈阳显现出显著的创新驱动特征。2023年高技术产业投资呈现倍增态势，相较2022年，制造业领域增幅达170%，服务业投资增长27.4%，形成制造业引领、服务业协同的升级格局。工业经济运行质量持续改善，规模以上工业超八成行业实现盈利，展现了产业体系的整体韧性。财政支撑能力同步增强，一般公共预算收入连续8个月保持双位数增长，税收占比提升至76%，较2022年优化1.8个百分点。这种"技术投入—产业升级—财政反哺"的良性循环机制，既为消费工业品智能化改造提供了技术保障，又通过税源优化强化政策调控空间，形成了"智能制造产业链强化—优质产品供给扩容—消费能级跃升"的协同发展格局，夯实了建设国际消费中心城市的产业支撑体系。

6.1.2 区位基础条件

（1）区位优势明显

首先，沈阳在东北亚地缘经济格局中占据核心枢纽地位，既是国家共建"一带一路"倡议中"六廊六路"体系的关键节点，也是中蒙俄经济走廊东北通道的战略支点。作为国家区域战略布局的核心承载区，其区位优势体现为：第一，承担维护国防、粮食、生态、能源及产业安全的战略使命，这是由其作为东北老工业基地核心城市与农业主产区的双重属性决定的；第二，构建东北亚与中东欧国际交往门户功能，形成区域开放型经济体系的关键枢纽；第三，发挥环渤海经济圈与辽中南城市群的双向辐射作用，成为长三角、珠三角、京津冀等经济区要素向东北腹地流动的核心门户。

（2）交通枢纽便利

沈阳作为国家规划的20个国际性综合交通枢纽城市，构建了立体化交通体系。航空运输依托东北区域枢纽桃仙国际机场，铁路货运通过东北最大集装箱编组站苏家屯站实现高效集散，陆路交通形成"一环两弦七放射"的高速公路网络，叠加哈大、沈大、沈丹等高速铁路干线交会的铁路动脉，形成辐射东北亚的复合型交通枢纽格局。

首先，沈阳桃仙国际机场作为国家一级干线机场及东北区域航空枢纽，在区域交通体系中占据核心地位。2024年的运营数据显示，沈阳桃仙国际机场的全年旅客吞吐量达2 374.43万人次，较2023年净增318万人次，增长15.5%，全国机场排名提升至第22位。这种运输能级的持续提升，为区域消费要素流动提供了高效空中走廊。沈阳桃仙国际机场的国内航点达101个、航线219条；开通东京、首尔、曼谷、新加坡等10条国际、地区客运航线，以及法兰克福等6条国际货运航线，为辽沈地区高水平对内对外开放架起"空中桥梁"。

其次，沈阳也是东北地区最大的综合性铁路枢纽，拥有东北地区最大的集装箱货运铁路编组站苏家屯站，有五个铁路专设站，是东北地区专设站最多的城市，此外还有皇姑屯站、沈阳东站等几个一级火车站。沈阳通行哈大高铁、京沈高铁、秦沈高铁、沈丹高铁等高速铁路，哈大、沈山、沈吉、沈丹、沈金等既有铁路，并有众多支线和专用线路，共同构成规模庞大的"环形+放射形"铁路枢纽，是东北地区最为重要的铁路枢纽。2023年投入运营的中欧班列（沈阳）集结中心，以沈阳蒲河物流基地为依托，已实现境内"三通道、六口岸"全覆盖，建成20多个境外枢纽站，吸引了超2 000家外贸企业。发运货物辐射全球20余个国家，与国内外140余个城市开展货物集散合作，打通了辽宁至日本、韩国、东盟、中亚、欧洲等国家和地区的多式联运国际物流涌道，架起了联通世界市场的桥梁。铁路通道高效支撑了沈阳构建高水平对外开放的新格局。

最后，沈阳形成了"一环、两弦、七放射"的高速公路网，哈大、沈大、沈丹等高速公路交汇于此，有京哈高速G1、沈海高速G15、丹锡高速G16等多条国家级高速公路穿过，是东北地区陆路交通的重要枢纽。2024年，公路运输完成货运量2.0亿吨，同比增长7.3%；货物周转量379.6亿吨公里，同比增长5.6%；客运量1.1亿人，同比增长5.2%；旅客周转量37.9亿人公里，同比增长6.8%。

沈阳市在城市交通体系构建中实施双轨并进策略：一方面强化外部交通枢纽功能；另一方面践行"小街区、密路网"规划理念，持续优化路网密度与结构效率。通过系统建设，已形成"环状辐射"快速道路体系与"十字骨架+环线衔接"轨道交通网络相融合的立体交通格局，有效提升了城市交通承载能力与运行效率。全市共有地铁运营线路6条，里程长度204千米，每万人拥有0.22千米。公交运营线路328条，长度达到5 465.1千米；出租汽车20 641辆，每万人拥有22辆。2024年，沈阳客运总量1.7亿人，同比增长7%；旅客总周转量260.6亿人公里，同比增长10.7%。

沈阳作为交通枢纽为东北地区与世界各地的紧密连接铺设了道路，极大地方便了国内外旅客的往来、商品和物资的集散，为沈阳培育建设国际消费中心城市提供了坚实的交通基础设施保障和对供应链的支撑。

6.1.3 产业发展基础条件

（1）优势产业支撑有力

首先，传统制造业高端化、智能化步伐加快。2024年高技术制造业增加值同比增长17.6%，增速领先全市工业平均水平13.1个百分点，产业贡献率提升至10.2%。先进制造领域实现双突破——工业母机与航空产业集群入选国家级先进制造业集群，高端装备占装备制造业比重突破40%，获国家及省级首台（套）装备认定39项。数字化转型成效显著，入选国家"5G+工业互联网"试点城市，工业企业数字化研发设计工具普及率突破82%，关键工序数控化率达71.5%，5G基站总量达4.5万座。

其次，消费品工业发展向好。沈阳消费品工业涵盖轻工、纺织、食品和医药等门类。沈阳市沈北新区凭借农副食品加工、食品制造及医药制造三大特色产业优势，成功获评国家消费品工业"三品"战略示范城市。在工信部2023年公布的60个示范城市中位列全国第8位，并位居东北地区入选城市首位。该战略的实施通过提升产业链协同效率与市场响应能力，有效增强了区域消费品供给质量，不仅优化了本地消费市场结构，更助力城市在国际竞争中形成差异化竞争优势，为消费者提供更优质的产品。

（2）产业集群建设成效显著

沈阳积极推进21条重点产业链和10个重点产业集群建设，全市千亿元产业集群达到5个，10个重点产业集群产值突破万亿元，工业母机、航空、机器人及智能制造集群入选全国先进制造业集群，一批"大国重器"在沈阳诞生。在辽宁省先进装备制造万亿级产业基地建设中，沈阳机床建设数控系统（工业软件）测试验证平台，沈鼓完成"混合云"基础设施平台建设，16家企业开展"整零共同体"建设示范，特变电工沈变公司智慧能源工程实验室开工建设。沈阳航空集群、沈大工业母机集群入选2024年国家先进制造业集群名单。依托千亿级先进制造业集群的规模优势与创新要素集聚效应，实现高端技术供给与消费工业品升级的协同互促。通过航空精密制造技术赋能智能家电等消费产品研发，反向推动装备制造工艺迭代，形成"技术供给提升消费品质–产业集群优化消费生态"的良性循环格局，为国际消费中心城市建设提供产业技术支撑。

（3）文体旅资源丰富

首先，文化积淀深厚。沈阳作为多元文化交融的历史名城，由新乐文化、辽文化、清文化、民国文化、红色文化、工业文化、民俗文化共同构成文化传承创新的核心资源。全市现存不可移动文物1 541

处，拥有 3 处世界文化遗产地及 396 处县级以上文物保护单位，数量居全省前列。在可移动文物保护方面，53 家国有机构收藏文物逾 6 万件。非物质文化遗产保护体系完善，221 项市级非遗项目中包含 10 项国家级、40 项省级代表作，形成"物质与非物质文化双轮驱动"的文旅发展格局。

其次，体育产业拉动消费升级。沈阳市体育局重点发展全民健身中心全覆盖、现有体育场馆活化利用、体育综合体建设打造、智慧体育公园发展、冰雪场地设施改造提升等五个方面。有效推动了智慧化场馆、智能体育公园等智慧化体育场地设施建设，打造沉浸体验式体育消费新场景，拉动体育消费场景业态升级。成功举办东北三省一区 8 城市篮球邀请赛、沈阳现代化都市圈电竞赛，以及排球精英赛等区域性赛事活动，全面提升沈阳马拉松、"和平杯"国际青少年足球邀请赛、"振兴杯"青少年冰球邀请赛、沈阳赛艇公开赛、中国青少年滑雪公开赛、沈大足球对抗赛等自主品牌赛事国内外知名度和影响力，发挥重大赛事的带动作用，打造"体育+"消费新场景。全国"足篮排"三大职业联赛落户沈阳，2023 年，辽宁男篮 CBA 主场比赛有效激发了体育消费潜力，拉动了沈阳市体育、餐饮、商业、住宿、交通等多条产业链的消费，门票收入达到 4 000 万元，拉动赛事相关消费近亿元。2024 年五一节日期间，CBA 和中甲联赛两项赛事吸引观众超过 2.8 万人，拉动体育消费 2 000 万元。

最后，文旅融合发展迅速。截至 2024 年年底，全市 A 级旅游景区数量为 98 家，其中 5A 级景区 1 家，4A 级景区 21 家，3A 级景区 66 家。沈阳不断推进文化产业发展，截至 2024 年一季度全市规上文化企业数量达到 466 家，比上年末增加 25 家，实现营业收入 86.9 亿元，同比增长6.2%。沈阳的动漫产业近年来迅速发展，截至2025年2月26日，《哪吒之魔童闹海》成为沈阳首部票房过亿元的电影，不仅推动了沈阳影院产业的发展，还展示了沈阳动漫产业的巨大潜力。沈阳4家公司参与了《哪吒之魔童闹海》的制作，为电影提供了强大的技术支持，进一步提升了沈阳动漫产业的地位和影响力。

沈阳先后荣获"2023年全国游客满意十佳城市""2024年冰雪旅游十佳城市""全国十大夜游热门城市""外国游客热衷的十大国内目的地城市"称号，成为全国文旅竞争力十强城市；谋划文体旅融合发展项目452个，完成投资额134.5亿元，位列全省第一。2025年春节期间，沈阳累计接待游客1 342.02万人次，同比增长20.7%；实现旅游总消费192.13亿元，同比增长26.8%，两项数据均创历史新高。

沈阳市以优势产业高速迭代、先进制造集群裂变式发展与科技创新双向赋能为引擎，叠加了丰富的文化积淀和文体旅深度融合的消费场景创新，构建起"硬核产业筑基—尖端技术赋能—全域消费升级"的良性循环。

6.1.4 商业发展基础条件

（1）商业供给丰富

首先，商业体系建设不断完善。已成功构建"一河两岸"以及地铁1号线和2号线为"大十字坐标"轴的城市商业布局。全市总体依托35个核心发展板块，持续打造中街、太原街、北市场等9大核心商圈。截至2023年，有亿元以上商品交易市场65个，"国字号"及省市级商业街44条，省级夜经济示范（特色）街区8条，其中，中街是首批"全国示范步行街""国家级夜间文化和旅游消费集聚区""首批国家级旅游休闲街区"。市级夜经济示范（特色）街区21条，5 000平方米以上大型零售商业设施351个，进驻的国际顶级奢侈品、设计师品牌约200个，是东北奢侈品品牌、轻奢和快时尚品牌的首选聚集地。北市场被评为国家4A级旅游景区，总建筑面积8.2万平方米，是由北区文盛园、南区文奉园和中区皇寺广场共同构成的文商旅综合体项目。太原街商圈以太原街和中华路为十字主轴，区域内商业企业的密集程度位居东北三省城区之首，是时尚出品地、潮流集聚地、创新策源地、消费引领地。

其次，截至2023年沈阳商业网点总量约11.8万处，商业网点千人指标约15.7座/千人，商业网点密度指标约114座/平方公里。商业网点规模分布较均衡，但区域网点密度差异较大。由中心区向外围逐渐降低，由一环内615座/平方千米降低至三环外44座/平方千米；二三环间基础商业类网点数量占比最高，占全市网点总量的13%；一二环间品质商业类数量最低，占全市网点总量的2.1%。

最后，商业业态较为丰富。一是有万象城、恒隆广场等高端顶奢商业项目；中海寰宇城、前海环球汇、龙湖天街等中端商业项目。二是"夜经济"优势明显、带动消费增长，建有夜经济街区41个，并获评全国夜经济"十佳城市"，铁西红梅文创园等上榜了第一批"国家级夜间文旅消费聚集区"。三是发布首店支持政策，大力推动首发经济蓬勃发展，2024年引进品牌首店120余家，见表6-1。四是推进"老字号"传承创新，目前共有老字号企业73家，其中"中华老字号"19家，获评数量居全省第一。五是线上线下融合促进消费，"双品购物节"沈阳站活动启动，组织重点电商平台、电商直播基地、实体商超等本地线上线下融合企业，围绕服饰、日化、零食、文创等开展促销活动，助力实体企业对接电商平台转型线上促销。

表 6-1　　　　　　沈阳市 2019—2024 年引进首店数量

年份	数量（家）
2019	49
2020	75
2021	113
2022	145
2023	177
2024	120

（2）消费增长迅速

从人均可支配收入和消费支出来看，2024 年沈阳城镇居民可支配收入和消费支出均高于全国平均水平，农村居民人均可支配收入高于全国平均水平，而农村居民人均消费支出略低于全国水平。从旅游人口消费占比来看，2024 年沈阳市接待国内外旅游者 2 亿人次，旅游总收入 2 000 亿元，旅游收入占社会消费品零售总额的比重为 0.46，旅游收入增速为 53.8%，是社会消费品零售总额增速的 14 倍左右，消费潜力巨大。

6.1.5　对外开放基础条件

（1）对外经贸往来活跃

沈阳市以建设东北亚国际化中心城市为目标，构建开放型经济新格局。2024 年实现外贸进出口总值 1 465.6 亿元，占全省总量 19.2%，其中出口额创历史新高至 582.4 亿元，同比增长 11%，连续 4 年保持增长态势。通过强化国际物流通道建设与提升开放平台能级，推动对外贸易结构优化与质量升级，为东北亚区域经贸合作提供新动能。新设外商投资企业167家，实际利用外资2.5亿美元。截至2024年，沈阳已与221个国家和地区建立经贸往来，国际友城和友好关系城市已达到102个；先后有121个国家、102个世界500强企业在沈投资。自RCEP协定生效以来至2024年年底，沈阳海关对RCEP成员国累计签发原产地证书3 700份，出口签证货值26亿元。

（2）对内深化区域间合作

沈阳市积极引进京津冀地区战略性、竞争性优质资源。2023年签约引进京沈对口合作项目62个、沈大合作交流项目32个。为积极推动东北振兴战略与长三角一体化发展、京津冀协同发展、粤港澳大湾区建设等国家战略的有效衔接，精心举办长三角、京津冀、粤港澳经贸合作活动，取得了良好成效。举办中国东西部合作与投资贸易洽谈会、清华校友辽宁行、辽宁-上海重点企业座谈会、全球秦商辽宁行等一系列洽谈推介活动，有效搭建了新投资合作渠道。2024年，京沈对口合作进一步深化，举办科技创新生态大会等活动50场，新签约中科科工大型无人机生产基地等京沈对口合作项目70个。

（3）加快拓展开放平台及通道

沈阳市不断扩展开放通道，统筹推进通道建设，印发了《沈阳市加快推进建设东北海陆大通道行动方案（2023—2025年）》，落实48项重点任务。努力建设网上通道，辽宁自贸区沈阳片区等3家园区被授予"省重点培育的跨境电子商务产业园区"。辽宁自贸区沈阳片区形成40项制度创新成果，在服务通道建设提升跨境贸易便利化水平方面取得明显成效。2024年，综保区进出口总额136.6亿元，同比增长 51.8%，在国家绩效评估排名较上年度提升 29 位。中德、中日、中韩、中俄等国际合作园区新签约项目 100 个。新开通沈阳至法兰克福、莫斯科、迪拜国际客运航线和沈阳至温哥华跨境电商全货机航线。海铁联运集装箱到发量 4.6 万标箱。获批全国跨境贸易便利化试点城市，跨境电商交易额 74.1 亿元，同比增长 18.3%。

综上所述，沈阳市在经济规模、区位优势、产业支撑、商业布局、消费潜力、城市辐射力和区域集聚力上，均处于东北地区领先地位，培育建设国际消费中心城市的优势明显。

6.2　大连建设国际消费中心城市的现状

6.2.1　经济发展情况

（1）制造业生产加快回升

2024 年，大连市地区生产总值 9 516.9 亿元，同比增长 5.2%，高于全国 0.2 个百分点，其中规上工业增加值同比增长 7.6%，高于全国 1.8 个百分点。其中，高技术制造业增加值同比增长 11.0%，高于全市规上工业平均水平 3.4 个百分点，连续 21 个月保持两位数增长。

（2）消费市场持续恢复

2024 年，大连市社会消费品零售总额 2 085.9 亿元，同比增长 3.9%，高于全国 0.4 个百分点；全市限额以上单位通过公共网络实现的商品零售额同比增长 56.1%。开展国货"潮品"等促消费活动 1 200 余场，拉动汽车、家电等销售额 110.2 亿元；培育消费新动能，升级改造 2 个市内免税店，33 场次演唱会带动综合消费同比增长 472%；打造消费新场景，杉杉奥莱、京东实体店投入运营，消费市场持续回暖。

6.2.2　区位基础条件

（1）区位优势明显

大连地理位置优越，位于我国辽东半岛最南端，拥有 2 211 千米海岸线，是中国海岸线最长的城市，东濒黄海，西临渤海，处于环渤海地区的首位，北依东北的辽宁省、吉林省、黑龙江省和内蒙古自治区广大腹地，南与中国山东半岛隔海相望，与日本、韩国、朝鲜和俄罗斯远东地区相邻，属于连接东北，华北和华东以及东北亚各地的海陆交通要塞。2021 年国务院批复《辽宁沿海经济带高质量发展规划》，从 2021—2030 年，实施以"一核引领、两翼协同、多点支撑"的高质量发展总体布局，赋予大连在辽宁沿海经济带中的核心地位，是新一轮东北振兴的"急先锋"和"主引擎"。

（2）交通基础设施发展成熟

大连港作为东北港口群的核心枢纽，建立了集装卸贮存、多式联运、物流服务等于一体的综合服务体系。2024 年运营数据显示，全年完成货物吞吐量 4.82 亿吨，同比增长 1.9%；集装箱吞吐量突破 1 162 万标箱，增速达 6%。再一次印证了大连在区域物流体系中的主导地位，通过优化铁海联运衔接效率与智慧港口管理系统，持续强化对东北腹地及环渤海经济圈的辐射带动能力。新开通 4 条外贸、5 条内贸集装箱航线，有效填补了直航服务的空白。在内贸集装箱航线方面，开通"大连—武汉"江海直达集装箱班轮航线，进一步畅通东北地区与长江经济带的水上物流通道；开辟"营口—重庆""营口—南通""丹东—蛇口"散粮航线，助力"北粮南运"通道畅通；开通"绥中—上海"钢材航线，积极构建辽西钢材出海新通道。在外贸方面，新开一汽红旗中东航线，一汽"大连—波斯湾"班轮航线首航，助力国产商品车扬帆出海，填补了大连汽车码头中东区域班轮航线的空白。

周水子国际机场为4E级机场，目前有42家航空公司在连运营，开通193条航线，与国内外122座城市通航。其中国际和地区通航城市16座，国际航班量达到每周127班，形成了覆盖全国，辐射日韩俄，连接东南亚的航线网络，国内外航线的通达性继续保持东北最优，国际业务量继续保持东北领先，对日通航点、航班量和旅客量继续保持全国前三。大连金州湾国际机场正在建设之中，为4F级海上人工岛机场，首期工程将于2027年下半年竣工，并在2028年上半年正式投入使用，将满足年旅客吞吐量8 000万人次、货邮吞吐量150万吨，以及航班起降54万架次的需求，建成后将成为世界最大的海上机场。

大连依托发达的铁路网和港口优势，大力发展海铁多式联运。2024年，全年新开行5条海铁联运班列线路，升级3条精品班列线路，常态化班列总计开行115条，发运量保持稳定增长，在港口集装箱总吞吐量中占比超过10%，持续保持全国领先水平。

大连拥有等级公路1.3万千米，其中高速公路500多千米，包含沈海高速、鹤大高速、皮长高速三条高速公路。2023年，全年公路、水路和民航三种运输方式货物运输量22 972.1万吨，比2022年增长14.1%。其中，公路货运量17 328.1万吨，同比增长6.2%，占全市货运总量的75%以上；水路货运量5 639.2万吨，同比增长47.7%；民航货邮运量4.8万吨，同比增长65.3%。大连目前地铁运营线路共有6条，运营里程超237千米；常规公交约200条，是"内地唯一有有轨电车历史且未中断过的城市"。

大连作为航运交通枢纽，建立了东北地区与世界各地的连接，极大地满足了国内外旅客的往来、商品和物资的集散，为大连培育建设国际消费中心城市提供了优质、高效的交通基础设施保障。

6.2.3 产业发展基础条件

（1）优势产业高端化发展

大连传统优势产业新动能全面激活。2024年，全市产业发展加速迈向高端化、智能化、绿色化，高技术制造业增加值同比增长11%，全年新开工项目946个、同比增长12%，实体经济质量效益全面提升。石化产业向精细化延伸，奥聚新材料、凯飞科技等项目开工建设；恒力新材料科创园160万吨树脂、260万吨聚酯项目投产；大石化搬迁改造项目方案确定、预可研完成；大盘绿色石化集群、沈大工业母机集群获评国家级先进制造业集群。"智改数转网联"加快推进，工业技改投资同比增长70%以上，大连入选全国首批中小企业数字化转型及制造业新型技术改造"双试点"城市。2024年，大连战略性新兴产业增加值占地区生产总值的比重达14%。新能源产业加快发展，国内首台氢燃料电池轨道机车成功交付，绿色氢基能源形成完整产业链，"沈大氢能高速走廊"建设加快推进。大连人工智能计算中心纳入国家重大项目。高技术船舶集群化推进，单舱世界最大LNG燃料舱填补国内空白，全球首艘7 500立方米液态二氧化碳船、全国首艘无人驾驶船舶成功交付。海洋新能源加快开发，全省首个渔光互补示范项目并网发电，庄河海上风电项目投产。海洋渔业向深海集约化高端化转型，新建深水重力式网箱96个，深远海智能养殖渔旅平台加快推进，国家级海洋牧场示范区总数达32个，居全国首位；海洋经济总产值同比增长5%，达4 500亿元。

（2）消费品工业引领发展

消费品工业是大连工业的重要组成部分，在保障民生、拉动内需、促进社会和谐稳定等方面作出了巨大贡献，已形成重点产业引领、门类齐全的产业体系。近年来，大连市全力实施"增品种、提品质、创品牌"专项行动，开展数字化助力消费品工业"三品"专项行动，积极培育高质量、高美誉度的品牌产品，大连市以及普兰店区获评消费品工业"三品"战略示范城市。大连市发挥产业集群优势，重点培育龙头企业，完善产业链条，辽参制品、水果罐头、青芥辣根、海水养殖被列入传统优势食品产区和地方特色食品产业，长兴岛生物医药产业园获批"辽宁省特色产业园区"。瑞驰集团、大杨集团、辽宁垠艺生物、医诺生物、盛友门业等企业品牌知名度不断提升，定制服装、生物疫苗、海洋保健食品、实木家具和休闲食品等享誉国内外市场。

（3）金融行业精准支持

大连金融总体呈现量稳、增效、价降、质优四个特点。截至2024年年末，大连市本外币各项贷款余额达到1.43万亿元，存量资金使用效率不断提升。在融资成本方面，大连新发放企业贷款加权平均利率降至3.46%，同比下降0.34个百分点，连续6年呈现下降趋势。此外，科学研究和技术服务业、绿色、普惠小微贷款同比分别增长

18.3%、5.5% 和 21.1%，体现出金融对关键领域的精准支持。实施金融支持科技创新和现代化产业体系建设专项行动，在金普新区"首贷续贷"中心加挂"科技金融服务中心"牌子，民生银行大连分行、交通银行大连分行等多家银行机构打造多家科技支行。落地全国首笔可持续发展双挂钩贷款，大连绿色企业项目库帮助千余家企业获贷 196 亿元。"首贷"服务覆盖市县两级，辖区金融机构普惠小微贷款余额突破千亿元。截至 2024 年年末，数字人民币大连试点投产应用场景 68 万个、开立数币钱包 891 万个，智能合约、SIM 卡硬钱包和二手房贷款等应用场景突破首单。外汇服务便利化水平也在不断提升，2024 年，优质企业贸易外汇收支便利化政策覆盖大连地区企业 130 家，同比增长 84%，办理业务 61 亿美元，同比增长 136%；新兴贸易业态规模达到 2.2 亿美元，同比增长 33%。

（4）文体旅融合持续发力

首先，大连是中国北方地区重要的滨海旅游城市，中国首批"优秀旅游城市"之一，不仅气候宜人且环境优美，还拥有丰富多样的旅游资源，国家 A 级景区 57 个，其中 5A 级景区 2 个，4A 级景区 27 个。2024 年，全市接待游客 1.73 亿人次、旅游综合收入 1 765.3 亿元，同比分别增长 27.2% 和 18.2%。渔业与农产品资源丰富，品牌数量众多、知名度高、竞争力强。2024 年，大连长山群岛旅游度假区被确定为国家级旅游度假区，是全国首个群岛型国家级旅游度假区。

其次，文旅融合工作亮点频出。2024 年推进重点文旅项目 190 个，启动"空中看大连"项目，东关街历史文化街区焕新启幕，渔人码头、俄罗斯风情街等特色街区更新升级，"港东五街"火爆全网，"海上游大连"形成品牌。全年 64 个项目建成运营，新增 4 家国家文化产业示范基地、国家级民宿8家，培育规模以上文旅入驻企业库23家。成功举办大连艺术节、青年艺术周等品牌活动，京剧儿童剧《绿野仙踪》、辽剧《创业》精彩上演，新增演艺新空间6家，引入高水平国内外演出300场，打造东北最大户外杂技演艺大棚，33场演唱会带动综合消费约17.28亿元，位居东北城市之首。

最后，高端体育比赛激活赛事经济。大连市坚持以竞技赛事、健身休闲等体育本体产业为核心，以多产业融合发展为支撑，不断激发体育消费城市活力，体育产业步入加速发展的快车道。全市拥有国家、省级体育产业示范基地1个，省级体育产业示范单位7个，省级体育产业示范项目4个，成为支撑体育产业发展的重要载体。以"会展+论坛+赛事"为载体，以海洋体育和冰雪体育为切入点，创新举办了"首届辽宁沿海运动休闲带六城市体育产业巡礼暨六城市名优体育产品博览会"。2024年，举办400余场高端体育比赛，包括大连马拉松、国际徒步大会、足球世界杯预选赛、中体联足球世界杯等。大连体育产业嘉年华活动紧抓"消费促进年"有利契机，积极培育体育消费新场景、新业态、新模式，采用"市级统筹、区县联动"的"1+12"模式，精心策划"连超"足球嘉年华、水上嘉年华、篮球嘉年华、乒羽网嘉年华、户外嘉年华、棋牌嘉年华、冰雪嘉年华、电竞嘉年华等8大板块、70余项精品体育赛事活动，深化了体育与文化、旅游、金融等产业的深度融合。

6.2.4 商业发展基础条件

（1）商业供给充足

首先，大连商业构成丰富，既有集聚国际一线奢侈品牌的高端

Mall，亦有满足大众化消费的亲民商场、奥特莱斯，还有熊洞街等由旧工业厂房改造而成的新一代创新型文商旅综合体，可满足多元消费需求。大连商圈体系发展成熟，形成了14个商圈，大型零售网点215处，商业街区56条，总零售面积为1402.9万平方米，人均零售商业面积2平方米/人，规模最大的商圈为青泥洼商圈和西安路商圈，已达到都市级商圈的规模。零售商业供给较为充足，社区商业覆盖率较高，中山、西岗和沙河口三区的大型零售网点分布最密集，是大连市零售业发展的核心区，集聚大型零售网点与商业街区93处，整体开发运营街区11处，总面积445.7万平方米，占全市的40%。此外，金普新区和甘井子区的大型零售设施规模也较大，大型零售面积分别占全市的18%、15%。

其次，大连辽渔国际水产品市场是我国北方地区唯一的国家级水产品市场，是国内首家集拍卖、批发和零售于一体的水产品市场，每年水产品贸易和周转量占大连地区总量90%以上，覆盖全国及日本、欧盟、美国20多个国家和地区。大连市渔业与农产品资源丰富，大连海参、大连鲍鱼、大连河豚、复州湾海盐等8个知名海产品获批国家地理标志产品。大连海参产量占全国海参总产量的40%，大连鲍鱼产量占全国鲍鱼总产量的70%以上，是鲍鱼生产和加工的重要基地，獐子岛是我国最大的虾夷扇贝养殖区。

最后，大连市高标准推进国家级、省级步行街建设。2023年，街区招商项目总投资额6.5亿元，盘活闲置商业面积约14.1万平方米，新零售、电商直播、高端酒店、餐饮、休闲娱乐等43个项目签约落地。推出万达金街等首批6个夜经济特色街区，创新和丰富夜间消费供给，形成夜间消费新形态。2024年，俄罗斯风情街商业项目重构，东关街历史文化街区全面开街，推动"百年东关"成为大连文旅金字招牌。此外，大连国际服装博览会、大连啤酒节等国内外知名 IP，以及拥有古典、现代交融的国际化的城市风貌，形成了多条欧式、日式、苏式特色风情街区，名优特色农产品、海产品及海鲜美食为大连增添诸多消费亮点，极大提高了消费吸引力。

（2）消费潜力较大

从人均可支配收入来看，2024 年大连城镇居民、农村居民人均可支配收入分别为 5.62 万元、2.79 万元，均高于全国平均水平。从旅游消费占比来看，2024 年大连接待国内外游客 1.73 亿人次、旅游综合收入 1 765.3 亿元，旅游收入与社会消费品零售总额的比值为 0.85，高于北京市的 0.52、上海的 0.33 和青岛的 0.32。2024 年"五一"假期，大连累计接待游客 603.26 万人次，同比增长 61.36%，较 2019 年增长 203.89%；旅游综合收入 72.09 亿元，同比增长 99.97%，较 2019 年增长 281.43%，呈现出前所未有的活跃态势。

6.2.5 对外开放基础条件

大连在辽宁扩大对外开放中发挥着不可替代的作用。近些年，大连通过构建制度型开放体系、拓展要素流动通道、激发市场主体活力等创新实践，使对外开放环境更加优化、开放领域日益扩大、开放活力持续增强，形成沿海经济带能级跃升的核心引擎。

（1）外贸外资强势增长

过去 10 年间，大连市的进出口总额持续稳定在全省占比 60%、东北三省占比40%的水平，出口市场已拓展至全球200多个国家和地区。外贸相关企业数量从1.5万家增长至3.4万家，其间累计培育跨境电商企业超过1 100家。2024年，大连市服务外包执行额达到31.42亿美元，同比增长6.43%，其中离岸执行额为23.32亿美元，同比增长4.04%。服务外包执行额与离岸执行额均实现稳步增长。外贸进出口降幅逐季收窄，全市外贸出口总额2 200.2亿元，同比增长5.8%。全年成功举办2024中国国际数字和软件服务交易会、夏季达沃斯论坛、首届辽宁品牌商品贸易博览会、大连进出口商品交易会、中国（大连）国际海洋商贸博览会。招商引资不断扩大，2024年实际利用外资18.8亿美元，同比增长94.2%，省外到位内资突破2 000亿元大关。大连市以跨境电商综试区建设为抓手，立足对外开放优势和制造业发展基础，2024年前三季度，大连跨境电商企业实现进出口额121.6亿元，同比增长15.7%，高于全国平均增速4.2个百分点；截至2024年11月底大连关区跨境电子商务零售出口清单同比增长约700%。深度融入共建"一带一路"，对共建国家进出口额占全市比重达42.6%，对日本、韩国、俄罗斯进出口同比分别增长2%、20%、80%。

（2）打造服务业对外开放试点

2023年4月，大连在东北地区独获跨境贸易便利化试点资格。这一突破性进展赋予大连在跨境贸易领域率先探索政策创新的权限，通过先行先试形成可复制推广的改革实践成果，进一步巩固其作为东北亚经贸枢纽的核心地位。同时，大连在辽宁沿海经济带建设中持续强化龙头带动作用，通过六市协同机制深化制度型开放，推动50项高频政务服务实现跨区域通办，以制度创新赋能沿海经济带一体化发展，为东北全面振兴构建高效能开放平台。

综上所述，大连市经济发展迅速、区位优势明显、消费潜力巨大、产业基础雄厚、对外往来活跃，已经具备了建设国际消费中心城市的坚实基础。

第 7 章
沈阳、大连最终消费分析

本章剖析沈阳、大连各部门投入产出以及各部门参与双循环的情况，并通过对最终消费的分析，达到产业与消费良性互促，进而找准提振消费的发力点，最终实现供需平衡。

7.1 投入产出表概述

投入产出表，也称部门联系平衡表或产业关联表，是描述国民经济中各种产品的来源与使用去向的棋盘式平衡表，是产品部门×产品部门的二维表，横向表示产品的产出及其使用去向，列向表示生产过程中的投入结构。它以矩阵形式描述国民经济各部门在一定时期（通常为一年）生产活动的投入来源和产出的使用去向，揭示国民经济各部门之间相互依存、相互制约的数量关系，是国民经济核算体系的重要组成部分。投入产出表中行与列交叉构成了三个象限，中间投入与中间使用交叉部分为第I象限，最终使用部分为第II象限，初始投入的增加值部分为第III象限，见表7-1。

7.1.1 第 I 象限

第 I 象限是由名称相同、排列次序相同、数目一致的若干产品部门纵横交叉而成的中间产品矩阵。其主栏为中间投入，宾栏为中间使用。该部分反映产品部门间的投入产出关系，是投入产出表的核心。第 I 象限揭示了国民经济各产品部门之间相互依存、相互制约的技术经济联系，反映了国民经济各部门之间相互依赖、相互提供劳动对象供生产和消耗的过程。

表7-1 投入产出表

产出＼投入	中间使用			最终使用												进口（调入）	其他	总产出
	农产品	…	公共管理和社会组织	中间使用合计	最终消费						资本形成总额			出口（调出）	最终使用合计			
					居民消费			政府消费	合计		固定资本形成总额	存货增加	合计					
					农村居民消费	城镇居民消费	小计											
中间投入 农产品	第Ⅰ象限				第Ⅱ象限													
⋮																		
公共管理和社会组织																		
中间投入合计																		
初始投入的增加值 劳动者报酬	第Ⅲ象限																	
生产税净额																		
固定资产折旧																		
营业盈余																		
增加值合计																		
总投入																		

7.1.2 第Ⅱ象限

第Ⅱ象限是第Ⅰ象限在水平方向上的延伸，主栏的部门分组与第Ⅰ象限相同；宾栏由最终消费、资本形成总额、出口等最终使用项目组成。沿行方向看，反映某产品部门生产的货物或服务用于各种最终使用的价值量；沿列方向看，反映各项最终使用的规模及其构成。

第Ⅰ象限和第Ⅱ象限连接组成的横表，反映国民经济各产品部门生产的货物或服务的使用去向，即各产品部门的中间使用和最终使用数量。

7.1.3　第Ⅲ象限

第Ⅲ象限是第Ⅰ象限在垂直方向的延伸，主栏由劳动者报酬、生产税净额、固定资产折旧、营业盈余等各种增加值项目组成；宾栏的部门分组与第Ⅰ象限相同。第Ⅲ象限反映各产品部门初始投入的增加值及其构成情况。沿行方向看，反映某产品部门生产的货物或服务用于各种中间使用的价值量；沿列方向看，反映各项中间使用的规模及其构成。

投入产出表三大部分相互连接，从总量和结构上全面、系统地反映国民经济各部门从生产到最终使用这一完整的经济活动过程中的相互联系。本章涉及的投入产出表中的平衡关系如下：

中间使用 + 最终使用 = 总产出 + 进口（调入）

最终使用 = 最终消费 + 资本形成总额 + 出口（调出）

最终消费 = 居民消费（农村居民消费+城镇居民消费）+ 政府消费

本研究重点是第Ⅱ象限，本书中涉及的总产出、最终使用、最终消费等概念解释如下：

总产出是指常住单位在一定时期内生产的所有货物和服务的价值。它反映生产活动的总规模。

最终使用反映某产品部门生产的货物或服务用于各种最终使用的价值量。

最终消费是指常住单位在一定时期内对于货物和服务的全部最终

消费支出，也就是常住单位为满足物质、文化和精神生活的需要，从本国经济领土和国外购买的货物和服务的支出；不包括非常住单位在本国经济领土内的消费支出。最终消费分为居民消费和政府消费。

直接消耗系数是指某一个部门生产单位总产出需要直接消耗的各部门产品和服务的数量，也称为投入系数。它反映该部门与其他部门之间直接的技术经济联系和直接依赖关系。

完全消耗系数是指增加某一个部门单位总产出需要完全消耗的各部门产品和服务的数量。完全消耗系数等于直接消耗系数和全部间接消耗系数之和，它是全面揭示国民经济各部门之间技术经济的全部联系和相互依赖关系的主要指标。

最终消费生产诱发系数是指某产品部门最终消费所诱发的各部门的生产额，用于测算最终消费对生产的诱导作用程度。具体来说，最终消费生产诱发系数是通过将某一产业部门的最终消费需求除以所有产业部门的最终消费需求总和来计算的。

7.2　沈阳、大连消费情况分析

本部分选取沈阳、大连2017—2024年统计公报的相关数据，从两市8年的基本经济指标和关键消费数据，对两市的消费基本情况以及发展趋势进行总体分析，见表7-2。

数据显示，沈阳、大连的社会消费品零售总额连续8年呈现持续增长的趋势，同时两市城乡居民收入稳步增长，消费水平不断提升。从社会消费品零售总额看，2024年，沈阳社会消费品零售总额达

表7-2 2017—2024年沈阳市、大连市主要消费数据

项目	细分指标	城市	2017	2018	2019	2020	2021	2022	2023	2024	趋势	指标说明
经济发展水平	全年地区生产总值（亿元）	沈阳	5 549	6 101	6 464	6 571	7 249	7 695	8 122	9 027	↑↑↑↑↑↑↑	采用地区生产总值衡量
		大连	6 052	6 500	6 990	7 030	7 825	8 430	8 752	9 516	↑↑↑↑↑↑↑	
	全市常住人口（万人）	沈阳	871.0	884.8	894.7	907.3	911.8	914.7	920.4	—	↑↑↑↑↑↑↓	采用常住人口数量衡量
		大连	698.8	700	739.6	745.4	748.8	745.1	753.9	—	↑↑↑↑↓↑	
	人均产出（万元）	沈阳	6.37	6.90	7.25	7.24	7.95	8.43	8.82	—	↑↑↓↑↑↑	采用人均地区生产总值衡量
		大连	8.66	9.29	9.45	9.43	10.45	11.23	11.61	—	↑↑↓↑↑↑	
	城镇化率（%）	沈阳	80.6	80.7	81	84.5	85	85	85.1	—	↑↑↑↑–↑	采用城市化率衡量
		大连	72	78.6	78.7	82.4	82.8	82.4	82.9	—	↑↑↑↑↓↑	
消费水平	社会消费品零售额（亿元）	沈阳	3 989	4 051	4 479	3 637	3 985	3 864	4 210	4 372	↑↑↓↑↓↑↑	采用社会消费品零售额衡量
		大连	1 955	2 043	2 064	1 828	1 909	1 846	2 008	2 085	↑↑↓↑↓↑↑	
	人均社会消费品零售额（万元）	沈阳	4.58	4.58	5.01	4.01	4.37	4.23	4.57	—	–↑↓↑↓↑	采用该地区社会消费品零售总额与人口之比衡量
		大连	2.80	2.92	2.79	2.45	2.55	2.48	2.66	—	↑↓↓↑↓↑	
	限额以上单位实现网上商品零售额（亿元）	沈阳	196.6	265.7	375.4	420.8	456.1	474.4	514.3	546.9	↑↑↑↑↑↑↑	采用限额以上单位实现网上商品零售额进行衡量
		大连	—	—	44	47.6	44.2	58.3	81.2	126.7	–↑↓↑↑↑	
	人均网上零售额（元）	沈阳	2 257	3 003	4 196	4 638	5 003	5 184	5 588	—	↑↑↑↑↑↑	采用该地区网上零售额与人口之比衡量
		大连	—	—	595	639	590	783	1 077	—	–↑↓↑↑↑	

续表

项目	细分指标	城市	2017	2018	2019	2020	2021	2022	2023	2024	趋势	指标说明
消费能力	城镇居民人均可支配收入（万元）	沈阳	4.14	4.41	4.68	4.74	5.06	5.17	5.37	5.61	↑↑↑↑↑↑↑	采用人均可支配收入衡量
		大连	4.06	4.36	4.65	4.74	5.05	5.19	5.37	5.62	↑↑↑↑↑↑↑	
	农村居民人均可支配收入（万元）	沈阳	1.55	1.65	1.81	1.96	2.17	2.24	2.42	2.58	↑↑↑↑↑↑↑	
		大连	1.69	1.81	2.0	2.16	2.38	2.48	2.64	2.79	↑↑↑↑↑↑↑	
	城镇居民人均消费支出（万元）	沈阳	3.0	3.22	3.41	3.16	3.68	3.65	4.02	4.28	↑↑↓↑↓↑↑	采用人均消费支出衡量
		大连	2.72	2.99	3.15	3.02	3.47	3.3	3.57	3.72	↑↑↓↑↓↑↑	
	农村居民人均消费支出（万元）	沈阳	1.05	1.14	1.21	1.24	1.49	1.53	1.72	1.83	↑↑↑↑↑↑↑	
		大连	1.04	1.12	1.16	1.14	1.37	1.36	1.55	1.63	↑↑↓↑↓↑↑	
	失业率（%）	沈阳	3.12	3.11	2.94	3.12	3.09	—	—	—	↓↓↑↓————	采用城镇登记失业率衡量
		大连	2.43	2.58	2.65	3.4	3.24	—	—	—	↑↑↑↓————	

资料来源：沈阳市、大连市统计局统计数据。

4 372.6亿元，约占地区生产总值的48.4%，大连为2 085.9亿元，约占地区生产总值的21.9%。从居民人均可支配收入看，2017—2024年沈阳、大连城乡居民人均可支配收入，均处于逐年稳步上升趋势；2024年，沈阳、大连城镇居民人均可支配收入分别为5.61万元和5.62万元，均高于全国平均水平的5.42万元；农村居民人均可支配收入大连为2.79万元，高于沈阳的2.58万元，二者都高于全国平均水平的2.31万元。从居民人均消费支出看，2024年，沈阳城乡居民人均消费支出均高于大连，城镇居民分别为4.28万元和3.72万元，农村居民分别为1.83万元和1.63万元。两市城镇居民人均消费支出均高于全国平均水平的3.46万元，而农村居民人均消费支出均低于全国平均水平的1.93万元。

综合居民人均可支配收入和人均消费支出两方面情况，可以看出，2024年大连城乡居民人均可支配收入略高于沈阳，但城镇人均消费支出却低于沈阳，沈阳城镇居民消费水平较高，消费占地区生产总值比例更大。

7.3 最终使用结构分析

最终使用结构是指一个经济体中最终消费、资本形成和出口等最终使用的构成比例和分布情况。最终使用结构包括消费支出、资本形成、出口和国内省外（市外）流出四项。消费支出包括居民消费支出，即城镇居民消费支出和农村居民消费支出，以及政府消费支出。为便于分析最终使用结构的变化，了解各产业部门对经济增长的贡献率和拉动情况，采用最终使用额占本地区总产出的百分比进行数据对比，见表7-3。

表7-3 沈阳市、大连市、辽宁省和全国的最终使用结构

（各项占总产出的百分比）

	最终消费（%）					资本形成总额合计（%）	出口（%）	国内省外（市外）流出（%）	最终使用合计（%）	总产出（亿元）
	居民消费支出			政府消费	最终消费合计					
	农村居民消费	城镇居民消费	居民消费合计							
沈阳	1.23	14.67	15.90	2.83	18.73	13.31	1.72	52.70	86.46	17 761
大连	1.68	12.35	14.03	3.29	17.33	17.00	12.51	23.17	70.00	20 034
辽宁	3.15	14.65	17.80	4.75	22.56	16.58	4.84	33.62	77.59	61 083
全国	2.87	11.32	14.19	5.48	19.67	16.14	7.26	—	43.07	2 257 734

7.3.1 沈阳最终使用结构分析

（1）居民消费支出情况

由表7-3可以看出，沈阳市居民消费支出占总产出的15.90%，高于大连市的14.03%和全国的14.19%，但低于辽宁省的17.80%，说明沈阳市居民消费能力较强，同时还有进一步释放的空间。分项来看，在比较对象中，沈阳市农村居民消费支出占比最低，城镇居民消费支出占比最高，这和沈阳市城镇化率较高有关，2023年我国常住人口城镇化达到66.16%，而沈阳市为85.1%，高出18.94个百分点。

（2）政府消费支出情况

沈阳市政府消费支出占总产出的2.83%，不但远低于全国均值

5.48%，即便与辽宁省的4.75%相比，该项指标也差距较大，表明沈阳市的政府消费支出相对不足，在促消费过程中政府消费还可以发挥更大作用。

（3）资本形成总额情况

资本形成可以增强经济实力，为改善人民物质文化生活创造物质条件。沈阳市资本形成总额占总产出的比例为13.31%，在所有比较对象中最低，只占全国该项比例平均水平的82.47%、辽宁省该项比例平均水平的80.28%。资本形成总额不足，阻碍了沈阳经济的持续增长。

（4）出口及国内省外（市外）流出情况

沈阳市出口占总产出比例为1.72%，在所有比较对象中最低，是全国平均水平的23.69%。但同时，沈阳市向国内省外（市外）流出占总产出百分比为52.70%，远远高于大连市和辽宁省。表明沈阳市在双循环体系中呈现两个极端：参与国际大循环的程度非常低，但在国内大循环中，沈阳市全产业调入调出总量都较大且基本相等，国内循环的参与度很高。

7.3.2　大连最终使用结构分析

（1）居民消费支出情况

由表7-3可以看出，大连市居民消费支出占总产出的14.03%，在所有比较对象中最低，低于全国0.16个百分点，低于辽宁省3.77个百分点，说明大连市居民消费能力较弱。分项来看，大连市农村居民消费支出占比最低，仅为1.68%，低于全国平均水平；城镇居民消费支出占比为12.35%，略高于全国平均水平，说明大连居民消费能力还有进一步提升的空间。

（2）政府消费支出情况

大连市政府消费支出占总产出的比例为3.29%，低于全国均值5.48%和辽宁省的4.75%，表明大连市政府消费支出相对不足，在促进消费上未来还有发挥空间。

（3）资本形成总额情况

大连市资本形成总额占总产出比例为17.00%，是所有比较对象中最高的。资本形成总额是通过交易形成的生产资产积累，表明大连经济增长方式在一定程度上是通过固定资产投资完成的，消费拉动经济增长能力有待深入挖掘。

（4）出口及国内省外（市外）流出情况

一方面，大连市出口占总产出比例为12.51%，在所有比较对象中最高，远远高于全国平均水平7.26%，是全国的1.72倍，是辽宁省平均水平4.84%的2.58倍。另一方面，大连市向国内省外（市外）流出占总产出百分比为23.17%，低于辽宁省的平均水平33.62%。表明大连市参与国际大循环的程度非常高，属于典型的外向型经济，但在国内大循环中参与度不高。

7.4 最终消费生产诱发系数比较

7.4.1 最终消费生产诱发系数

最终消费生产诱发系数反映某个产品部门的某个单位最终消费

若增加一个单位，所诱发的某国民经济部门产出增加的单位数。例如，农村居民消费对金融部门的诱发系数为0.1455，表示一个单位农村居民消费可以诱发0.1455个单位的金融总产出。此系数越大，表示消费对生产的诱发程度越大。最终消费生产诱发系数能够较为准确地分析国民经济中各产业部门与最终消费的关系，当需要提振经济时，采用扩大生产诱发系数大的产业部门规模的方法，政策效果比较显著。

生产诱发系数计算公式如下：

对于第i部门增加单位消费诱发的国内各部门的产出，其计算公式为：

$$Ki = [I - (I - \hat{M})\ A]^{-1} \times [(I - \hat{M})\ Si]$$

其中，Ki为第i部门的消费生产诱发系数，A为直接消耗系数矩阵；Si表示第i行元素为1，其余元素都为0的列向量。$\hat{M}$为进口和调入系数矩阵，由以下方式得到：第i部门的进口和调入，占该部门国内（或省内、市内）使用（中间使用合计加消费合计加资本形成总额）的比例记为mi，称为该部门的进口和调入比例系数；所有部门的进口和调入比例系数对角化形成的矩阵$\hat{M}$称为进口和调入系数矩阵。进口和调入系数矩阵主对角线上的第i个元素（即mi）表示第i部门的进口和调入占该部门国内（省内或市内）使用的比重。

用各部门的产出值扣除进口和调入的直接消耗系数，可以计算沈阳和大连某类最终消费的生产诱发系数，即用某类最终消费带来的第i部门总产出增量除以该类最终消费需求总量，得到该类最终消费需

求对第 i 部门的生产诱发系数。

7.4.2　沈阳、大连最终消费生产诱发系数计算

　　根据沈阳、大连投入产出的数据，使用最终消费生产诱发系数计算公式，分别得到两市 42 部门的各主体最终消费的生产诱发系数，得出了两市农村居民、城镇居民和政府消费的最终消费生产诱发系数较大的部门，详见表 7-4。由此可以对比分析最终消费对不同产业的生产诱发影响。

7.4.3　沈阳、大连最终消费生产诱发系数分析

　　（1）城乡居民消费对与日常生活密切相关的产业部门诱发系数较高

　　比较农村居民消费的生产诱发系数可以发现，两市城乡居民消费主要集中在与人们吃、穿、用、住、行等日常生活密切相关的部门。

　　首先，两市城乡居民最终消费生产诱发系数较高的部门虽有所不同，但比较相似。沈阳的城乡居民消费主要集中在金融、卫生和社会工作、食品和烟草、交通运输设备、农林牧渔产品和服务、化学产品、教育、建筑、住宿和餐饮、电力热力生产和供应以及租赁和商务服务等部门。大连城乡居民消费生产诱发系数前 10 的部门主要包括金融，信息传输、软件和信息技术服务，房地产，教育，卫生和社会工作，批发和零售等部门。

表7-4　　沈阳、大连42个部门最终消费生产诱发系数

排序	农村居民消费生产诱发系数				城镇居民消费生产诱发系数				政府消费生产诱发系数			
	沈阳		大连		沈阳		大连		沈阳		大连	
	部门	系数	部门	系数	部门	系数	部门	系数	部门	系数	部门	系数
1	金融	0.1455	金融	0.1017	金融	0.1128	信息传输、软件和信息技术服务	0.1265	公共管理、社会保障和社会组织	0.2378	公共管理、社会保障和社会组织	0.3804
2	卫生和社会工作	0.0848	卫生和社会工作	0.0893	食品和烟草	0.0686	金融	0.1005	卫生和社会工作	0.2204	卫生和社会工作	0.1385
3	食品和烟草	0.0847	建筑	0.0872	农林牧渔产品和服务	0.0627	化学产品	0.0767	教育	0.2178	教育	0.1376
4	交通运输设备	0.0696	化学产品	0.0858	卫生和社会工作	0.0618	房地产	0.0760	水利、环境和公共设施管理	0.0801	信息传输、软件和信息技术服务	0.1162
5	农林牧渔产品和服务	0.0679	信息传输、软件和信息技术服务	0.0795	电力、热力的生产和供应	0.0614	教育	0.0650	居民服务、修理和其他服务	0.0425	批发和零售	0.0918
6	化学产品	0.0551	教育	0.0611	住宿和餐饮	0.0555	交通运输、仓储和邮政	0.0608	化学产品	0.0401	房地产	0.0777
7	教育	0.0545	房地产	0.0566	教育	0.0482	卫生和社会工作	0.0594	租赁和商务服务	0.0343	水利、环境和公共设施管理	0.0750
8	建筑	0.0524	石油、炼焦产品和核燃料加工品	0.0555	化学产品	0.0463	批发和零售	0.0563	文化、体育和娱乐	0.0309	化学产品	0.0703
9	住宿和餐饮	0.0300	金属制品、机械和设备修理服务	0.0541	租赁和商务服务	0.0363	石油、炼焦产品和核燃料加工品	0.0517	农林牧渔产品和服务	0.0305	金融	0.0528

续表

排序	农村居民消费生产诱发系数				城镇居民消费生产诱发系数				政府消费生产诱发系数			
	沈阳		大连		沈阳		大连		沈阳		大连	
	部门	系数	部门	系数	部门	系数	部门	系数	部门	系数	部门	系数
10	电力、热力的生产和供应	0.0228	批发和零售	0.0479	交通运输设备	0.0354	建筑	0.0501	金融	0.0275	文化、体育和娱乐	0.0525
11	租赁和商务服务	0.0227	交通运输设备	0.0474	房地产	0.0306	金属制品、机械和设备修理服务	0.0490	科学研究和技术服务	0.0213	居民服务、修理和其他服务	0.0481
12	信息传输、软件和信息技术服务	0.0161	石油和天然气开采产品	0.0442	建筑	0.0219	食品和烟草	0.0369	房地产	0.0176	科学研究和技术服务	0.0342
13	房地产	0.0156	食品和烟草	0.0431	居民服务、修理和其他服务	0.0218	住宿和餐饮	0.0362	交通运输、仓储和邮政	0.0130	石油、炼焦产品和核燃料加工品	0.0262
14	交通运输、仓储和邮政	0.0154	煤炭采选产品	0.0411	交通运输、仓储和邮政	0.0140	交通运输设备	0.0294	住宿和餐饮	0.0097	水的生产和供应	0.0197
15	居民服务、修理和其他服务	0.0138	农林牧渔产品和服务	0.0380	煤炭采选产品	0.0109	居民服务、修理和其他服务	0.0240	电力、热力的生产和供应	0.0094	金属制品、机械和设备修理服务	0.0179
16	燃气生产和供应	0.0103	住宿和餐饮	0.0359	信息传输、软件和信息技术服务	0.0107	农林牧渔产品和服务	0.0220	建筑	0.0088	农林牧渔产品和服务	0.0166
17	通信设备、计算机和其他电子设备	0.0093	交通运输、仓储和邮政	0.0295	燃气生产和供应	0.0101	电气机械和器材	0.0166	水的生产和供应	0.0040	交通运输、仓储和邮政	0.0159

续表

排序	农村居民消费生产诱发系数				城镇居民消费生产诱发系数				政府消费生产诱发系数			
	沈阳		大连		沈阳		大连		沈阳		大连	
	部门	系数	部门	系数	部门	系数	部门	系数	部门	系数	部门	系数
18	金属制品	0.0052	农林牧渔产品和服务	0.0194	通信设备、计算机和其他电子设备	0.0099	文化、体育和娱乐	0.0155	造纸印刷和文教体育用品	0.0035	租赁和商务服务	0.0150
19	造纸印刷和文教体育用品	0.0050	电气机械和器材	0.0177	造纸印刷和文教体育用品	0.0069	纺织服装鞋帽皮革羽绒及其制品	0.0093	金属制品	0.0030	住宿和餐饮	0.0121
20	煤炭采选产品	0.0047	居民服务、修理和其他服务	0.0174	水的生产和供应	0.0065	金属制品	0.0076	食品和烟草	0.0027	金属制品	0.0089
21	通用设备	0.0043	文化、体育和娱乐	0.0086	文化、体育和娱乐	0.0056	造纸印刷和文教体育用品	0.0072	煤炭采选产品	0.0025	建筑	0.0087
22	电气机械和器材	0.0039	纺织服装鞋帽皮革羽绒及其制品	0.0072	金属制品	0.0044	水的生产和供应	0.0059	信息传输、软件和信息技术服务	0.0024	造纸印刷和文教体育用品	0.0065
23	科学研究和技术服务	0.0022	造纸印刷和文教体育用品	0.0059	电气机械和器材	0.0042	木材加工和家具	0.0058	燃气生产和供应	0.0019	其他制造产品	0.0045
24	非金属矿物制品	0.0021	水的生产和供应	0.0052	通用设备	0.0035	通用设备	0.0050	通信设备、计算机和其他电子设备	0.0012	专用设备	0.0040
25	文化、体育和娱乐	0.0014	专用设备	0.0049	非金属矿物制品	0.0019	专用设备	0.0040	通用设备	0.0008	仪器仪表	0.0028
26	水的生产和供应	0.0011	木材加工和家具	0.0045	水利、环境和公共设施管理	0.0014	电力、热力的生产和供应	0.0035	交通运输设备	0.0006	废品废料	0.0028

续表

排序	农村居民消费生产诱发系数				城镇居民消费生产诱发系数				政府消费生产诱发系数			
	沈阳		大连		沈阳		大连		沈阳		大连	
	部门	系数	部门	系数	部门	系数	部门	系数	部门	系数	部门	系数
27	水利、环境和公共设施管理	0.0004	非金属矿物制品	0.0038	科学研究和技术服务	0.0012	水利、环境和公共设施管理	0.0034	仪器仪表	0.0004	电气机械和器材	0.0024
28	专用设备	0.0004	仪器仪表	0.0037	仪器仪表	0.0007	仪器仪表	0.0033	金属制品、机械和设备修理服务	0.0004	木材加工品和家具	0.0023
29	金属制品、机械和设备修理服务	0.0003	电力、热力的生产和供应	0.0035	金属制品、机械和设备修理服务	0.0005	非金属矿物制品	0.0031	专用设备	0.0003	电力、热力的生产和供应	0.0022
30	仪器仪表	0.0003	废品废料	0.0022	专用设备	0.0005	废品废料	0.0021	非金属矿物制品	0.0003	交通运输设备	0.0020
31	其他制造产品	0.0003	燃气生产和供应	0.0022	其他制造产品	0.0004	燃气生产和供应	0.0021	其他制造产品	0.0003	食品和烟草	0.0019
32	公共管理、社会保障和社会组织	0.0002	科学研究和技术服务	0.0015	公共管理、社会保障和社会组织	0.0002	公共管理、社会保障和社会组织	0.0019	电气机械和器材	0.0002	非金属矿物制品	0.0018
33	木材加工品和家具	0	水利、环境和公共设施管理	0.0012	木材加工品和家具	0	科学研究和技术服务	0.0013	木材加工品和家具	0	通用设备	0.0018
34	非金属矿和其他矿采选产品	0	其他制造产品	0.0009	非金属矿和其他矿采选产品	0	其他制造产品	0.0013	非金属矿和其他矿采选产品	0	燃气生产和供应	0.0016
35	废品废料	0	公共管理、社会保障和社会组织	0.0006	废品废料	0	非金属矿和其他矿采选产品	0.0001	废品废料	0	纺织服装鞋帽皮革羽绒及其制品	0.0007

续表

排序	农村居民消费生产诱发系数 沈阳 部门	系数	大连 部门	系数	城镇居民消费生产诱发系数 沈阳 部门	系数	大连 部门	系数	政府消费生产诱发系数 沈阳 部门	系数	大连 部门	系数
36	金属冶炼和压延加工品	-0.0005	非金属矿和其他矿采选产品	0.0001	金属冶炼和压延加工品	0.0001	煤炭采选产品	0.0000	纺织服装鞋帽皮革羽绒及其制品	0	非金属矿和其他矿采选产品	0.0001
37	纺织品	-0.0008	煤炭采选产品	0.0000	金属矿采选产品	0.0000	租赁和商务服务	0.0000	纺织品	-0.0001	煤炭采选产品	0.0000
38	金属矿采选产品	-0.0011	租赁和商务服务	0.0000	纺织品	0.0000	金属矿采选产品	0.0000	金属冶炼和压延加工品	-0.0002	金属矿采选产品	0.0000
39	纺织服装鞋帽皮革羽绒及其制品	-0.0031	金属矿采选产品	0.0000	纺织服装鞋帽皮革羽绒及其制品	-0.0033	金属冶炼和压延加工品	-0.0001	金属矿采选产品	-0.0005	金属冶炼和压延加工品	-0.0001
40	石油和天然气开采产品	-0.0099	石油和天然气开采产品	-0.0042	石油和天然气开采产品	-0.0079	石油和天然气开采产品	-0.0039	石油、炼产品和核燃料加工品	-0.0040	通信设备、计算机和其他电子设备	-0.0020
41	石油、炼产品和核燃料加工品	-0.0157	通信设备、计算机和其他电子设备	-0.0077	石油、炼产品和核燃料加工品	-0.0060	通信设备、计算机和其他电子设备	-0.0176	批发和零售	-0.0048	石油和天然气开采产品	-0.0021
42	批发和零售	-0.0263	纺织品	-0.0096	批发和零售	-0.0235	纺织品	-0.0142	石油和天然气开采产品	-0.0059	纺织品	-0.0067
诱发系数总计		0.7452		0.9785		0.7018		0.9953		1.0509		1.4427

其次，沈阳、大连的城乡居民消费对与吃、穿、用、住、行等日常生活密切相关的产业部门的拉动作用较大，尤其是对金融、教育、卫生和社会工作部门的刺激较大。不同的是，大连城乡居民消费，对信息传输、软件和信息技术服务以及房地产部门的拉动作用高于沈阳；沈阳城乡居民消费，对食品和烟草、农林牧渔产品和服务、住宿和餐饮部门的拉动作用高于大连。

（2）居民消费对金融业的生产诱发系数最大

沈阳农村居民和城镇居民消费生产诱发系数最大的部门都是金融业，生产诱发系数分别为0.1455和0.1128，分别是食品和烟草产业的1.7倍和1.6倍。大连农村居民和城镇居民消费生产诱发系数最大的部门分别是金融业以及信息传输、软件和信息技术服务，生产诱发系数分别为0.1017和0.1265。

数据表明，随着沈阳、大连经济的快速发展和居民可支配收入的增加，城乡居民对理财、投资等金融业的消费需求大幅度提升，对金融业发展的拉动作用也将更加明显。而大连城镇居民的消费对信息传输、软件和信息技术服务业拉动作用最大，说明软件和信息服务业已成为大连特色主导产业之一，产业规模持续扩大，产业集聚效应不断凸显。

（3）居民消费对批发零售的生产诱发系数较小

沈阳城乡居民最终消费生产诱发系数最小的部门是批发和零售业，表明随着"网购"等新购物方式的变化，沈阳城乡居民的批发零售消费品中外来商品越来越多，居民的日常消费对本地的批发零售业需求越来越低。金融以及批发和零售都属于享受型消费，说明城乡居民享受型消费不断升级，而本地批发和零售业产业升级不足，不能满足不断提升的消费需求。大连城乡居民的批发和零售业最终消费生产诱发系数均排名前 10，表明大连居民的消费对批发零售业产生了较高的拉动作用，其批发零售产业在一定程度上满足居民的消费需求，但还有提升的空间。

（4）政府最终消费生产诱发作用相对较强

政府最终消费生产诱发系数是政府资源投入对生产的影响。沈阳市政府最终消费生产诱发系数总和为 1.0509，是城镇居民最终消费生产诱发系数总和的 1.50 倍；大连市政府最终消费生产诱发系数总和为 1.4427，是城镇居民最终消费生产诱发系数总和的 1.45 倍。表明沈阳、大连政府最终消费对产业发展的拉动作用较强，对产业结构调整的引导效果更好。政府消费对于公共管理、社会保障和社会组织，卫生和社会工作，教育等部门的生产诱发系数较高，反映出这三个产业部门的发展主要依赖于政府消费支出。但是，大连市政府消费对信息传输、软件和信息技术服务，批发和零售，房地产等部门的生产拉动作用高于沈阳；而沈阳市政府消费对于水利、环境和公共设施管理，居民服务、修理和其他服务，化学产品，租赁和商务服务等部门的拉动作用高于大连。

第 8 章

沈阳、大连与国际消费中心试点城市比较分析

本章采用商务部发布的"国际消费中心城市评估指标体系",将沈阳、大连与五个国际消费中心试点城市进行对比,形成沈阳、大连两市建设国际消费中心城市的指标评价和分析报告。从数据出发,客观评估沈阳、大连和五个试点城市的建设水平,揭示沈阳、大连所具备的优势,以及存在的差距和短板,为更好地推动两市建设国际消费中心城市提供决策依据。

8.1 国际消费中心城市评估指标体系

8.1.1 评估体系及指标说明

国际消费中心城市建设评估遵循系统性、科学性、客观性原则,构建包含国际影响力、消费活力、商业创新、交通可达性及政策支撑五个核心维度的评估模型。基于商务部《国际消费中心城市评价指标体系(试行)》框架,形成"5个一级指标、25个二级指标"的评估架构。在指标遴选过程中,注重科学性、系统性、数据的权威性和可得性,对商务部发布的评价指标体系中的部分指标进行了适当修改,最终选定25个评估指标,详见表8-1。这些指标重点考量三个维度:其一,突出城市消费环境国际化特征,涵盖全球资源配置能力与跨境服务效能;其二,强化商业体系成熟度评估,聚焦业态创新与市场活跃度;其三,遵循科学性、系统性、客观性原则,选用权威数据确保指标可比性,通过加权综合指数量化反映城市建设进程,为战略推进提供精准评估工具。

表8-1　　　　　　　国际消费中心城市评估指标体系

维　度	序号	具体指标
国际知名度	1	全球城市竞争力
	2	接待国内外游客数量
	3	国际体育赛事数量
	4	国际会议数量（ICCA）
	5	展会数量
	6	世界文化遗产数量
	7	4A及5A级景区数量
消费繁荣度	8	社会消费品零售总额
	9	人口规模
	10	居民人均消费支出
	11	旅游总收入
	12	服务业增加值
商业活跃度	13	标志性商业街区数量
	14	中华老字号数量
	15	免税店和离境退税商店数量
	16	三星级及以上宾馆数量
	17	第三产业固定资产投资
	18	消费者满意度
到达便利度	19	国际国内航班通达城市
	20	航线班次数量
	21	地铁/轨道运营总里程
	22	高速公路途经条数
	23	网约车数量
政策引领度	24	城市营商环境排名
	25	城市环境宜居排名

（1）国际知名度

国际知名度反映城市的国际地位和全球影响力，是国际消费中心城市建设的基础，直接反映城市掌握资源的能力和消费的能级。该指标对全球城市竞争力排名、旅游吸引力及举办高质量国际会议、国际赛事数量等方面进行考量，全球竞争力排名越靠前、国际活动数量越多表明城市的国际影响力越大。

全球城市竞争力，是指一个城市在全球的合作、竞争过程中，与其他城市相比较所具有的吸引、争夺、拥有、控制要素和市场，更多、更快、更有效率、更可持续地创造价值，为其居民提供福利的能力。它反映城市在经济发展、文化交流、科技创新等多个方面的实力和影响力。

接待国内外游客数量，是指一个统计年度内城市接待国内、国际游客的总数量，它体现城市对外来消费者的集客能力和旅游吸引力。

国际体育赛事数量，是指一个统计年度内城市所承办的有国外运动员参与的并有一定国际影响力的体育赛事的数量，它反映城市在体育赛事方面的全球影响力，是提升城市国际知名度，扩大外来消费的重要支撑。

国际会议数量（ICCA）。ICCA是国际大会及会议协会（International Congress & Convention Association）的简称，创建于1963年，总部位于阿姆斯特丹，是全球国际会议最主要的机构组织之一，是会务业最为全球化的组织，包括会议的操作执行、运输及住宿等各相关方面的会议专业组织。一个城市的会议中心成为ICCA认证成员并承办ICCA国际会议，反映城市在国际商务活动方面的全球影响力和举办国际会议的受欢迎程度。

展会数量，是指城市在一个统计年度内所举办的所有展览、会议的总数量，它反映城市展会经济的竞争力、商务活动的影响力和对消费的带动力。

世界文化遗产数量，是指联合国教科文组织"世界遗产名录"中各城市拥有的世界文化遗产项目数量，它反映城市文化的世界影响力和对全球旅游的吸引力。

4A及5A级景区数量，4A级景区代表国家级标准风景区，而5A级景区则代表了世界级的品质，反映城市的旅游景区质量，是汇集外来游客、扩大消费的重要基础。

（2）消费繁荣度

消费繁荣度反映城市消费市场的繁荣程度，是否拥有完善的消费服务体系，并满足本国消费者对国际化、高品质、时尚性的需求，以及能否广泛吸引和汇聚世界各地的消费品和消费者。该指标通过社会消费品零售总额、人口规模、居民人均消费支出、旅游总收入和服务业增加值等指标进行考量。城市消费市场越繁荣，越有可能把全球商品和资源要素吸引进来，从而带动国内外消费品有效供给和服务水平的提升，进一步为国内外消费者提供多元化、特色化的消费体验。

社会消费品零售总额，是指企业（单位）通过交易售给个人、社会集团，非生产、非经营用的实物商品金额，以及提供餐饮服务所取得的收入金额。它反映城市各行业通过多种商品流通渠道向居民和社会集团供应的生活消费品总量，体现城市零售市场变动情况和经济景气程度。

人口规模，数据选取各城市统计公报中公布的当年常住人口数，它体现城市的繁荣程度，是扩大内需的重要基础，也是城市购买力的重要来源，对于城市消费提质扩容具有重要意义。

居民人均消费支出，是指居民用于满足家庭日常生活消费的全部支出，包括购买实物支出和服务性消费支出。它是拉动经济增长的直接因素，体现城市居民消费水平和综合消费能力。

旅游总收入，是指城市在一个统计年度内通过旅游所获得的全部收入。它体现城市外来消费集客能力和文化旅游吸引力。

服务业增加值，是指服务行业的常住单位在报告期内，以货币形式表现的服务业生产活动的最终成果，即在生产过程中创造的新增价值和固定资产转移价值。它反映城市服务业的发展情况和消费的繁荣程度。

（3）商业活跃度

商业活跃度反映城市消费及商业繁荣状况，活跃的商业能拉动城市内需、促进消费，辐射带动周边区域的金融、旅游及房地产业发展，还有助于城市功能的完善，优化城市布局，增强城市的竞争力。该指标通过标志性商业街区数量、中华老字号数量、免税店和离境退税商店数量、三星级及以上宾馆数量、第三产业固定资产投资和消费者满意度等指标来进行衡量，高质量商业街区、免退税商店和高级宾馆越多，消费者满意度越高，城市的商业环境越活跃。

标志性商业街区数量，数据选取各城市在三批"全国示范步行街"评选中，入选的步行街数量。标志性商业街区是消费的载体，是国际消费中心城市的关键支撑，反映城市商业实力。

中华老字号数量，中华老字号是指在长期生产经营中，沿袭和继承了中华民族优秀的文化传统，具有独特工艺和特色的产品、技艺或服务的品牌。一个城市中华老字号数量越多，越能体现城市鲜明的地域文化特征和历史痕迹，是吸引外来游客、增加消费的基础。

免税店和离境退税商店数量，体现城市对国际旅客的消费体验和离境的便利程度。免税店和离境退税商店的数量增长反映城市努力吸引境外旅客，提升国际消费体验。

三星级及以上宾馆数量，反映城市为外来游客提供高品质服务设施的水平。

第三产业固定资产投资，是指第三产业中对于固定资产的建设、购置、改造等行为，体现城市第三产业的发展情况。通过建造和购置固定资产的活动，采用先进技术装备，进一步调整第三产业结构和生产力的地区分布，增强第三产业实力，为改善人民物质文化生活创造物质条件。

消费者满意度，被中国消费者协会定义为消费者购买商品或接受服务过程中，对消费供给、消费环境和消费维权的情绪反馈，是以百分制的形式测度出来的消费者主观感受。这项指标反映消费者对城市消费环境的认同感和归属感，对国际消费中心城市提升消费产品、服务质量有重要的参考价值。自2017年以来中消协持续开展消费者满意度测评工作。

（4）到达便利度

到达便利度反映城市交通体系的发达程度，完备的城市交通是推动国际消费中心城市的发展及城市经济活动有效进行的前提。该指标通过国际国内航班通达城市、航线班次数量、地铁/轨道运营总里程、高速公路途经条数和网约车数量等方面进行考量，国内外航线和途经高速公路越多、地铁里程和网约车数量越多，城市的到达便利度越高，发达便捷的交通体系能够带动沿线地区的经济发展和贸易往来，对于促进城市经济发展有决定意义。

国际国内航班通达城市，是指城市的机场开通的航班抵达国内和国际城市的总数，它衡量城市与世界联通的程度，以及外来游客到达城市进行商务活动、旅游、消费的便利程度。

航线班次数量，是指城市机场在一个统计年度内所有航班在特定航线上的飞行总次数，是反映机场航空运输地面组织工作和空中飞行工作量的重要参数，它不仅体现机场的运营效率和繁忙程度，也间接反映了航线的需求和重要性。

地铁/轨道运营总里程，是指地铁、轻轨、市域快速轨道等大运量线路的总运营里程。这一指标反映了城市轨道交通系统的规模和覆盖范围，是评估城市交通基础设施发展的重要指标之一，也是轨交枢纽 TOD（公共交通为导向的发展模式）商圈发展的重要依托。

高速公路途经条数，是指有多少条高速公路途经或连接该市，用于衡量城际交通体系的完善程度，反映城市与其他城市的联通程度和外来消费者到达的便利度。

网约车数量，是指在网约车平台上注册并实际参与运营的车辆总数，用于衡量城市内到达商圈的便利程度。

（5）政策引领度

政策引领度反映政府在积极培育国际消费中心城市建设时的引导作用。该指标通过城市营商环境排名和城市环境宜居排名来进行考量，这两个指标在一定程度上反映城市对经济、商业的治理能力，以及政策的有效性和对消费环境的建设程度。

城市营商环境排名，是通过对包括政务效率、基础设施建设、法律法规的完善程度、市场准入条件等多个指标量化评分，进行营商环境的评估，得出的全国城市营商环境排名，排名结果反映各城市在营商环境方面的综合表现。

城市环境宜居排名，是基于国际宜居指数分析标准，包括百姓消费投资、就业创业、休闲生活、幸福感受以及对所在城市治理能力和社会服务综合满意度等，对城市数据进行量化评分，结果反映城市在宜居建设方面作出的努力和取得的成就。

8.1.2 指标权重与综合指数计算

（1）权重的确定

本评估采用"逐级等权法"进行权重的分配，即整体指标权重为100%，五个维度每个维度权重为1/5×100%。在每一维度下，二级指标的权重为1/k×100%（k为二级指标的个数），二级指标的最终权重为1/（5×k）×100%，详见表8-2。

表8-2　　　　国际消费中心城市评估指标体系权重分配

维　度	序号	具体指标	权重
国际知名度 （权重20%）	1	全球城市竞争力	2.86%
	2	接待国内外游客数量	2.86%
	3	国际体育赛事数量	2.86%
	4	国际会议数量（ICCA）	2.86%
	5	展会数量	2.86%
	6	世界文化遗产数量	2.86%
	7	4A及5A级景区数量	2.86%

续表

维　度	序号	具体指标	权重
消费繁荣度 （权重20%）	8	社会消费品零售总额	4%
	9	人口规模	4%
	10	居民人均消费支出	4%
	11	旅游总收入	4%
	12	服务业增加值	4%
商业活跃度 （权重20%）	13	标志性商业街区数量	3.33%
	14	中华老字号数量	3.33%
	15	免税店和离境退税商店数量	3.33%
	16	三星级及以上宾馆数量	3.33%
	17	第三产业固定资产投资	3.33%
	18	消费者满意度	3.33%
到达便利度 （权重20%）	19	国际国内航班通达城市	4%
	20	航线班次数量	4%
	21	地铁/轨道运营总里程	4%
	22	高速公路途经条数	4%
	23	网约车数量	4%
政策引领度 （权重20%）	24	城市营商环境排名	10%
	25	城市环境宜居排名	10%

（2）原始数据的标准化

为消除各项指标量纲差异，得到准确的评价结果，采用离差标准化法对原始数据做线性变换处理，经过标准化处理后，各指标的值转化为［0，1］之间的数据。

正向指标的标准化。对于22个正向指标，即数值越大越优型指标的标准化处理公式：

$$Ai = 1 - \frac{\max(Xi) - Xi}{\max(Xi)}, \quad 即 \frac{Xi}{\max(Xi)} \tag{8-1}$$

其中，Xi 为评估城市指标原始数值，$\max(Xi)$ 代表评估城市指标原始数值中的最大值，Ai 是标准化值。

负向指标的标准化。对于3个负向指标，即数值越小越优型指标的标准化处理公式：

$$Ai = 1 - \frac{Xi - \min(Xi)}{\max(Xi)} \tag{8-2}$$

其中，Xi 为评估城市指标原始数值，$\min(Xi)$ 代表评估城市指标原始数值中的最小值，Ai 是标准化值。

（3）国际消费中心城市综合指数计算

二级指标分值计算。25项二级指标分值为该项指标下指标原始数值的标准化值进行百分制转化后的平均值，计算公式为：

$$Z = \frac{\sum_{i=1}^{n} Ai \times 100}{n} \tag{8-3}$$

其中，Z 为二级指标分值，Ai 为指标原始数值的标准化值，i 为评估城市，n 为指标项下原始数据项的个数。

维度分值计算。维度指标分值为该维度下各二级指标的加权之和，计算公式为：

$$F = \sum_{i=1}^{n} WiZi \tag{8-4}$$

其中，F 为维度指标分值，Zi 为百分制转化后的二级指标分值，Wi 为指标权重值，i 为评估城市，n 为指标项下原始数据项的个数。

综合指数分值计算。最后，国际消费中心城市综合指数分值 I，为各维度指标分值加权平均之和，计算公式为：

$$I = \sum_{i=1}^{n} WiFi \tag{8-5}$$

其中，n 值为维度数即 5，Wi 为 0.2，Fi 为各维度指标得分。

8.2　沈阳、大连与五个试点城市对比分析

本次评估搜集了上海、北京、广州、重庆、天津五个国际消费中心试点城市和沈阳、大连共七个城市 2023 年的 25 个二级指标数据，经过对数据的标准化和加权计算，最终得出各城市的 25 个二级指标得分、五大维度得分和综合指数得分，并对七个城市的分值进行横向对比分析，得出各市在建设国际消费中心城市过程中的发展状况。通过绘制各维度雷达图再对沈阳、大连的各指标得分与七市均值进行对比分析，找出沈阳、大连与五个国际消费中心试点城市的差距，指出沈阳、大连两市建设国际消费中心城市存在的问题，并提出对策建议供两市决策参考。

8.2.1　综合指数评估

通过对七个城市进行量化比较分析，上海、北京综合指数得分超过 80，属于第一梯队；上海综合指数总分排名第一，得分 85.54 分，北京得分 82.82 分，排名第二，相较其他城市优势明显，各项指标总体保持领先水平，是名副其实的引领性国际消费中心城市。广州、重庆、天津综合指数得分超过 40，分别为 66.18 分、58.73 分

和43.73分，属于第二梯队，各项指标基本保持均衡发展，对国内外的消费具有较强的吸引力。沈阳、大连综合指数得分分别为31.53分和29.32分，两市各项指标与前面五个城市相比，差距较大；虽然对国内游客和消费有一定的吸引力和聚集度，但难以吸引更多国际游客来带动消费能级跃迁。沈阳、大连在建设国际消费中心城市的过程中，五个维度上均需要大幅度提升。其中，两市与其他五市差距最大的是国际知名度和到达便利度这两个维度，差距较小的是政策引领度。见表8-3。

表8-3　　　　国际消费中心城市五大维度综合指数排名

城市	综合指数		五大维度排名									
			国际知名度		消费繁荣度		商业活跃度		到达便利度		政策引领度	
	得分	排名	得分	排名	得分	排名	得分	排名	得分	排名	得分	排名
上海	85.54	1	76.80	2	88.81	1	79.87	1	83.20	2	99	1
北京	82.82	2	81.19	1	87.45	2	78.32	2	68.15	3	99	1
广州	66.18	3	39.29	4	65.85	3	48.83	5	84.91	1	92	3
重庆	58.73	4	45.05	3	59.39	4	63.37	3	65.87	4	60	4
天津	43.73	5	32.31	5	39.20	5	55.40	4	39.24	5	52.50	5
沈阳	31.53	6	26.49	6	32.69	6	34.04	6	20.92	7	43.50	7
大连	29.32	7	18.71	7	26.27	7	27.83	7	21.26	6	52.50	5

8.2.2　五大维度比较分析

（1）国际知名度

从国际知名度雷达图中可以看出，沈阳在4A及5A级景区数量、国际会议数量和国际体育赛事数量这三个指标上，与五个试点城市差

距最大；在世界文化遗产数量和展会数量这两个指标上表现尚可，达
到了均值水平，见图8-1。大连国际知名度雷达图显示，大连在所有
指标上都没有达到均值，差距最大的是世界文化遗产数量，其数值为
零，见图8-2。

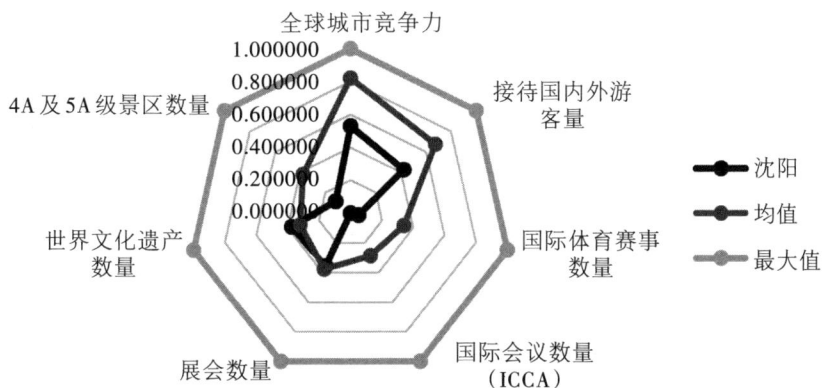

图8-1 沈阳国际知名度雷达图

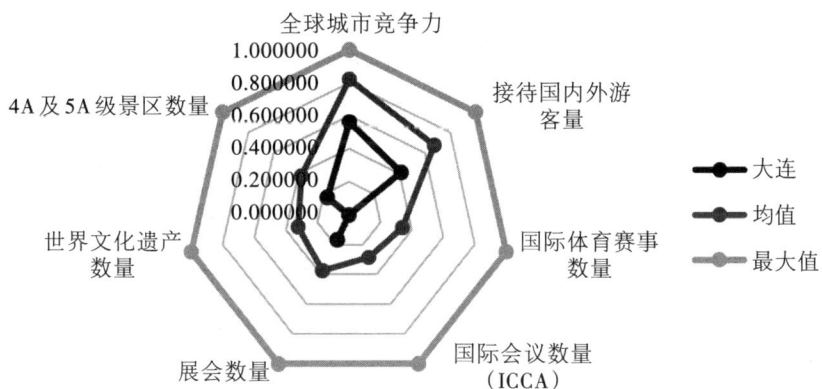

图8-2 大连国际知名度雷达图

从全球城市竞争力排名看，全球权威城市排名研究机构GYBrand
发布的2024年度《世界城市500强》报告排名结果显示，上海、北京
进入全球排名前10，位列第8、9，综合实力处于全球城市前列。广

州、重庆、天津均进入前100名，分别位列第26、76和90，而沈阳、大连的排名位于500强的中游位置，为第243和第227，全球竞争力较弱，国际知名度和吸引力不足。

从接待国内外游客数量看，2023年沈阳、大连接待游客总数量为1.40亿和1.36亿人次，与重庆的1.53亿人次接近，但不到上海和北京接待游客总数量的一半。从游客的来源看，与国内旅游热门城市相比，沈阳、大连的游客更多来自国内城市，入境游客相对较少。以2024年元旦假期数据为例，"游客行为监测与决策服务文化和旅游部技术创新中心"监测的数据显示，沈阳入围"2024年元旦假期城市跨市游客量TOP20"，排名第17；入围"2024年元旦假期入境游城市游客量TOP20"的城市有广州、北京、上海和重庆，沈阳、大连未进入前20。2024年7月"去哪儿"平台发布的外国旅客热门入境城市TOP10榜单显示，北京、上海、广州、深圳、成都、杭州、西安、重庆、昆明、青岛等城市是外国旅客入境出行的热门目的地，沈阳、大连对境外游客的吸引力不足。

从举办国际活动上看，2023年沈阳举办的展会数量为205个，接近七市的平均值217个，低于北京和广州的233和250个，高于天津的58个和重庆的99个；大连共举办了95个展会，超过天津。但两市都没有举办ICCA认证的国际会议。在国际体育赛事的承办上，沈阳举办了2场、大连没有，与其他城市差距较大，两市举办高质量的国际大会、体育赛事等国际化活动少、水平较低。

从旅游资源来看，沈阳世界文化遗产有3个，仅少于北京的8个和重庆的4个，高于七市的平均值2.57，能在一定程度上吸引外来游客；4A及5A级景区数量重庆最多共170个，沈阳、大连分别有20和

29个，与七市的平均值64.29相差较多，高等级旅游资源优势不明显，需要进一步开发。

综上，在国际知名度的七个指标中，沈阳在世界文化遗产数量上具有优势，属于国内较热门的旅游目的地之一，举办的展会活动较多；但其全球竞争力排名较低，承办的国际大型活动不足，高等级的旅游景区相对较少。大连的全球城市竞争力排名比沈阳略高，但在国际展会及体育赛事、高质量旅游资源上与其他城市的差距很大，应加强国际合作和交流，丰富和提升旅游资源的质量（见表8-4）。

表8-4　　　　　　　　　　　国际知名度比较

指标	沈阳	大连	上海	北京	广州	天津	重庆
全球城市竞争力排名	243	227	8	9	26	90	76
接待国内外游客数量（亿人次）	1.40	1.36	3.30	3.29	2.34	2.36	1.53
国际体育赛事数量（个）	2	0	36	39	4	6	6
国际会议数量（ICCA）（个）	0	0	21	26	5	0	0
展会数量（个）	205	95	576	233	250	58	99
世界文化遗产数量（个）	3	0	0	8	1	2	4
4A及5A级景区数量（个）	20	29	77	81	38	35	170

资料来源：全球城市竞争力排名数据来源于全球权威城市排名研究机构GYBrand的报告2024年度《世界城市500强》；接待国内外游客数量来源于各市2023年国民经济和社会发展统计公报；国际体育赛事数量来源于各市体育局发布的2023年体育赛事信息；国际会议数量（ICCA）来源于ICCA公布的2023年度国家和城市的国际协会会议数量排名；展会数量来源于各市2023年国民经济和社会发展统计公报和商务局信息；世界文化遗产数量来源于世界遗产名录2024年数据；4A及5A级景区数量来源于各城市文化旅游局2024年7月数据。

（2）消费繁荣度

消费繁荣度雷达图显示，沈阳在服务业增加值这个指标上与五个试点城市差距最大，而居民人均消费支出这个指标表现最好，达到了均值水平，见图8-3。大连消费繁荣度雷达图显示，大连五个指标都没有达到均值水平，差距最大的是社会消费品零售总额和服务业增加值，见图8-4。

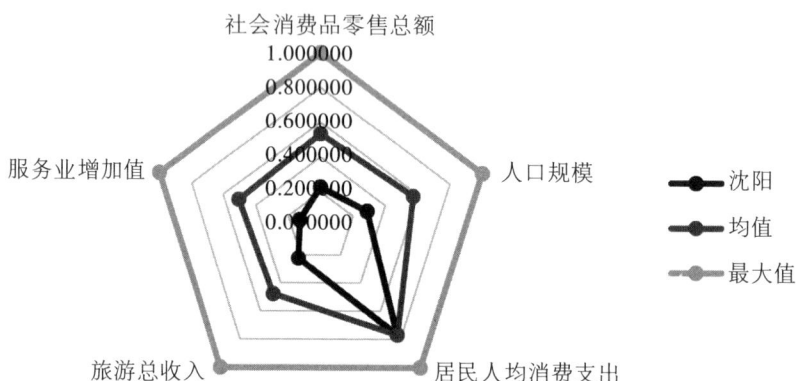

图8-3　沈阳消费繁荣度雷达图

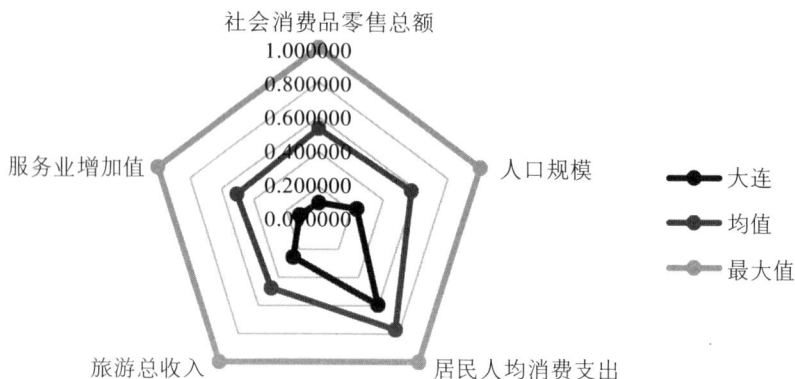

图8-4　大连消费繁荣度雷达图

从社会消费品零售总额看（见表8-5），2023年沈阳4 210.4亿元，大连2 008.6亿元，上海社零额位居全国首位，达18 515.5亿元，是沈阳的4倍多、大连的9倍多，是当之无愧的"消费超一流城市"。重庆、北京和广州的消费数据紧随其后，社会消费品零售总额均超过了1万亿元。沈阳、大连的社零额比上一年有缓慢增长，但总额与上述几个城市差距较大。

表 8-5　　　　　　　　消费繁荣度指标比较

指标	沈阳	大连	上海	北京	广州	天津	重庆
社会消费品零售总额（亿元）	4 210.4	2 008.6	18 515.5	14 462.7	11 012.62	3 822	15 130.25
人口规模（万人）	920.4	753.9	2 487.45	2 185.8	1 882.7	1 364	3 191.43
居民人均消费支出（元）	40 232	31 178	52 508	47 586	49 480	34 914	26 515
旅游总收入（亿元）	1 300	1 493	4 122	5 849.7	3 309.49	2 215.41	1 206.82
服务业增加值（亿元）	4 834.5	4 441.7	35 509.6	37 129.6	22 262.24	10 486.15	16 371.97

资料来源：社会消费品零售总额、人口规模、居民人均消费支出和服务业增加值数据来源于各城市2023年国民经济和社会发展统计公报；旅游总收入数据来源于各市2023年文旅局统计公报。

从人口规模上看，沈阳常住人口920.4万，大连753.9万，而其他五市均为千万人口以上的超大城市。两市的人口规模相对较小，在一定程度上影响了两市的社会消费品零额总额。

从居民人均消费支出看，沈阳居民的人均消费支出低于上海、北京和广州，但是高于天津和重庆；大连居民的人均消费支出低于上海、广州、北京和天津，但是高于重庆。结合社会消费品零额总额和人口规模对比分析来看，沈阳居民人均消费支出比广州低，沈阳的常住人口差不多是广州的一半，但社零额却只有广州的1/3强。同样，大连的人口是天津的一半多一点，居民人均消费支出略低于天津。说明两市的本地居民对消费贡献较大，外来消费的贡献相对较小。

从旅游总收入看，2023年北京旅游收入最多，达5 849.7亿元，是沈阳1 300亿元的4.5倍，是大连1 493亿元的3.9倍。虽然沈阳世界文化遗产数量较多，大连海洋资源丰富，但旅游收入比北京、上海、广州、天津都低很多，仅高于重庆，旅游资源有待进一步开发。

从服务业增加值看，五个试点城市的服务业增加值都超过了1万亿元，沈阳不到北京的1/7，大连不到北京的1/8，与增加值较低的天津差距也在1倍以上，说明两市的服务业发展速度相对比较缓慢。

综上，在消费繁荣度的五个指标中，沈阳、大连的居民人均消费支出相对较高，本地居民对两市的消费市场贡献较大，而外来消费贡献相对较小，并且服务业发展滞后。两市应重点提高旅游收入，并推进沈阳、大连服务业高水平开放、高质量发展，不断提升服务业规模质量。

（3）商业活跃度

沈阳商业活跃度雷达图显示，沈阳在第三产业固定资产投资金额上与五个试点城市差距最大，其次是免税店和离境退税商店数量以及中华老字号数量；而消费者满意度指标达到了均值水平，如图8-5所示。

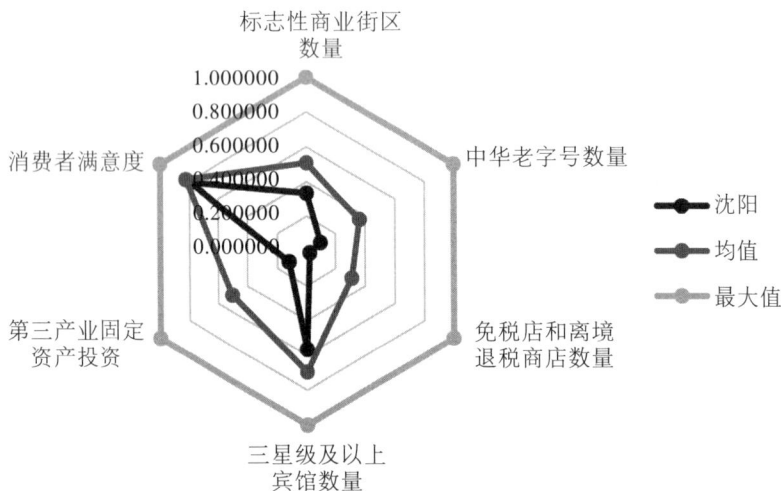

图8-5　沈阳商业活跃度雷达图

大连商业活跃度雷达图显示，大连中华老字号数量、免税店和离境退税商店数量这两个指标表现最差，其次是第三产业固定资产投资金额，如图8-6所示。

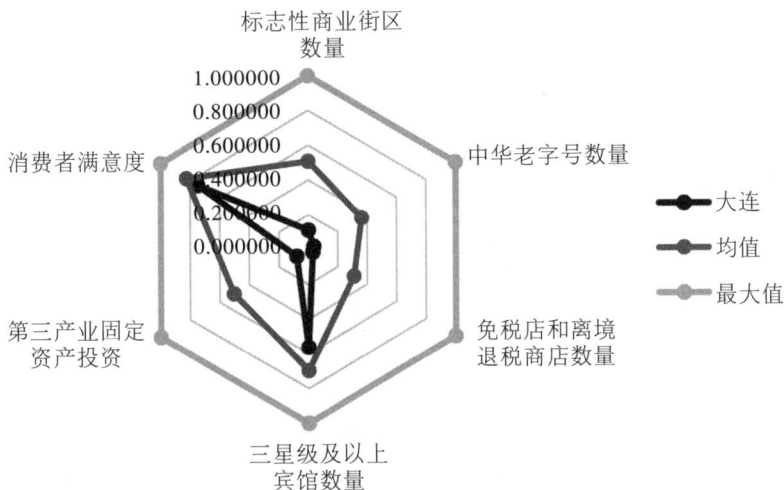

图8-6　大连商业活跃度雷达图

商业活跃度指标比较见表8-6。从标志性商业街区数量看，截至2023年11月，全国已评选山的二批共19条全国示范步行街中，沈阳有3条，大连有1条，数量较少，低于七个城市的平均值4.57条，同时商业街区的规模、功能、质量等方面也与北上广的知名步行街存在较大差距。

表8-6　　　　　　　　　　商业活跃度指标比较

指标	沈阳	大连	上海	北京	广州	天津	重庆
标志性商业街区数量（条）	3	1	6	6	2	5	9
中华老字号数量（个）	19	7	197	137	36	72	31

续表

指标	沈阳	大连	上海	北京	广州	天津	重庆
免税店和离境退税商店数量（个）	22	32	732	1 070	345	41	84
三星级及以上宾馆数量（个）	173	172	237	217	191	306	194
第三产业固定资产投资（亿元）	1 576	1 021	8 952.27	8 170.44	7 553.44	5 580.41	13 008.39
消费者满意度	79.19	74.55	85.56	87.43	87.24	81.80	81.50

资料来源：标志性商业街区数量来源于各城市商务局信息；中华老字号数量来源于各城市政府部门信息；免税店和离境退税商店数量来源于各市出入境管理部门信息；三星级及以上宾馆数量来源于百度地图地理信息系统中的兴趣点数据中的三星、四星、五星宾馆的兴趣点数量；第三产业固定资产投资数据来源于各城市统计年鉴，沈阳、大连、上海、北京、广州、天津、重庆的第三产业固定资产投资额由2017年固定资产投资总额×（1+2018年增速）×（1+2019年增速）×（1+2020年增速）×（1+2021年增速）×（1+2022年增速）×（1+2023年增速）估算而来；消费者满意度数据来源于中国消费者协会发布的《2023年100个城市消费者满意度测评报告》。

由商务部认定的"中华老字号"，上海拥有的数量最多，共197个，其次是北京137个，天津72个，广州、重庆分别有36个和31个，而沈阳只有19个，不到上海的1/10，大连只有7个，本地传统特色商业品牌有待挖掘。

免税店和离境退税商店数量，北京已经超过1 000个，而沈阳只有22个，表明境外消费的离境便利程度较低，不利于吸引入境消费。

三星级及以上宾馆数量天津最多，沈阳、大连与其他四市差距不大。在第三产业固定资产投资金额上，重庆最多，达 13 008.39 亿元，5 个试点城市中最少的天津也有 5 580.41 亿元，远远高出沈阳的 1 576 亿元和大连的 1 021 亿元，这在很大程度上限制了两个城市第三产业的发展。

从消费者满意度看，2024 年 3 月，中国消费者协会在京发布《2023 年 100 个城市消费者满意度测评报告》，测评结果显示，2023 年全国 100 个城市消费者满意度综合得分为 79.92 分。北京、广州和上海三个城市得分在 85 以上，分别为 87.43、87.24 和 85.56，在全国 100 个城市中排名第 9、第 11 和第 18。天津和重庆得分在 80 以上，为 81.80 和 81.50，排名第 24 和 25。沈阳和大连 2023 年的得分比上一年有所下降，尤其是沈阳从 2022 年高于全国平均得分的 80.02 降到 79.19 分，排名从第 33 降到第 39。大连从 2022 年的 75.47 降到 74.55 分，排名从第 70 降到第 79（如图 8-7 所示）。从 2021—2023 年七市消费者满意度得分变化趋势看，北京、广州表现最好，总体得分呈上升趋势，上海、重庆和天津的得分有所波动，而沈阳和大连的得分却是三年连续下降，说明两市的消费市场在消费供给、消费环境和消费维权等方面的发展情况，令消费者不满。2024 年沈阳得分 81.65 排名第 31，终于高于全国平均水平 80.36，大连得分 75.24 排名 67，仍然低于全国平均水平。

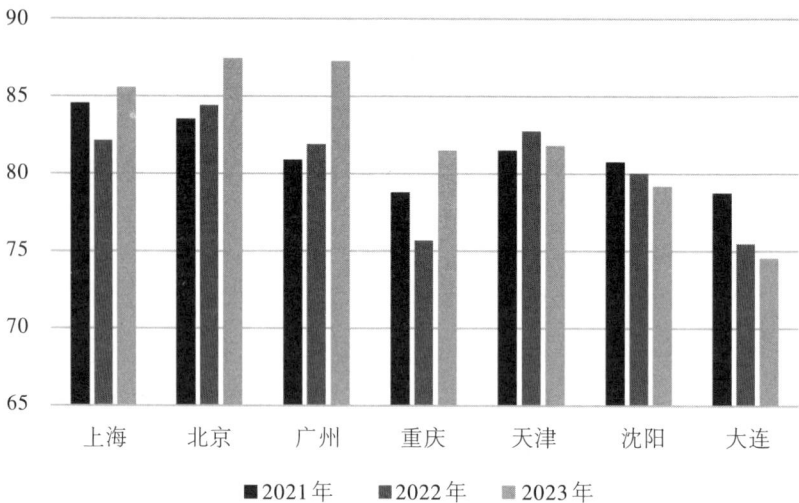

图 8-7 七市 2021—2023 消费者满意度趋势图

综上，沈阳、大连商业活跃度总体上处于较低水平。两市在商业活跃度的六个指标上，除三星级及以上宾馆数量与国际消费中心试点城市差距不大以外，在标志性商业街区数量、中华老字号数量、免税店和离境退税商店数量上都有一定的差距，而第三产业固定资产投资差距最大，制约了两市服务业的发展，不利于促进消费的繁荣。

（4）到达便利度

沈阳到达便利度雷达图显示，所有五个指标都没能接近均值，其中网约车数量与五个试点城市差距最大，国际国内航班通达城市这个指标表现稍好，如图 8-8 所示。大连的到达便利度与沈阳相似，表现最差的是网约车数量，国际国内航班通达城市和地铁运营总里程表现稍好，见图 8-9。

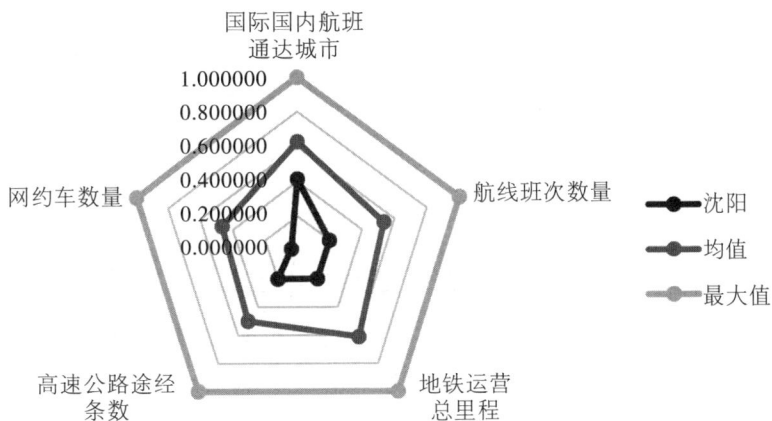

图8-8　沈阳到达便利度雷达图

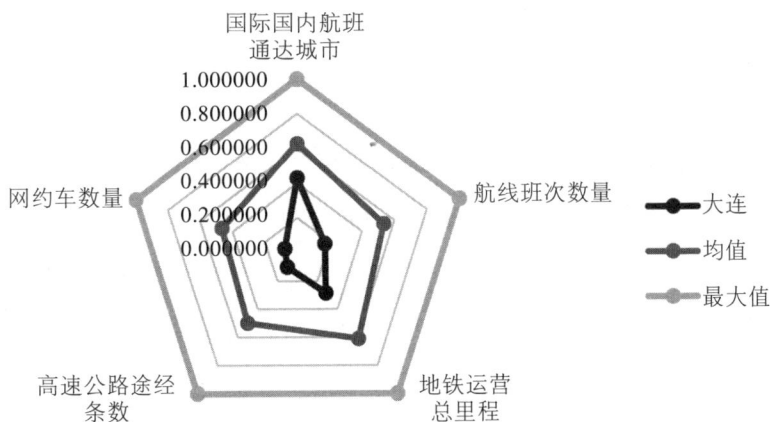

图8-9　大连到达便利度雷达图

到达便利度指标比较见表8-7。国际国内航班通达城市数量沈阳116个，在七个城市中最少，大连121个，比沈阳多5个，与天津120个相当，但不到上海281个的一半。航线班次数量沈阳、大连分别是15.14万和13.07万，仅为北京、上海的1/5左右。

表 8-7 到达便利度指标比较

指标	沈阳	大连	上海	北京	广州	天津	重庆
国际国内航班通达城市（个）	116	121	281	210	230	120	159
航线班次数量（万）	15.14	13.07	70.07	76.45	55.1	19.3	37
地铁/轨道运营总里程（千米）	165	237.07	831	836	653	310	538
高速公路途经条数（条）	6	3	21	15	30	12	18
网约车数量（万辆）	0.496	1.02	7.2	2.1	12.12	6.7	13.1

资料来源：国际国内航班通达城市和航线班次数量来源于各城市民航管理局实时数据；地铁/轨道运营总里程、高速公路途经条数和网约车数量来源于各城市交通部门实时数据。

从高速公路途经条数上看，广州通过高速公路与其他区域的连接最为密切，共有 30 条；沈阳 6 条，大连 3 条，与其他城市差距很大，应进一步加大高速公路的建设力度。

在地铁/轨道运营总里程方面，北京、上海、广州位居全国前三位，地铁线路多、到达里程远，分别有 836 千米、831 千米和 653 千米，沈阳、大连的地铁运营里程数分别为 165 千米和 237.07 千米。

网约车数量沈阳最少，仅有 4 960 辆，大连超过了 1 万辆，而网约车数量最多的重庆超过 13 万辆，广州的网约车超过 12 万辆。

综上，在到达便利度的五个指标中，相比较而言，沈阳、大连通过航空与国内外城市的连通度较好，通过高速公路与国内城市进行合作往来的便利度需要加强，而在城市内公共交通设施的覆盖范围和便捷程度方面都比较落后，因此应大力发展城市公共交通，加快建设现代、高效、发达的公共交通网络。

（5）政策引领度

《城市影响环境评估报告（2023）》显示，城市营商环境排名中试点五市均排在前20，上海、北京优势比较突出，分别位列第1和第2，广州排名第7，重庆排名第14，天津排名第18。沈阳第25、大连第23，在全国营商环境50强城市榜单中排在前半部分，虽然与试点五市有差距，但从全国情况来看，沈阳、大连的营商环境整体表现不错。在城市环境宜居排名中，北京、上海、广州分别位列第1、3、5名，大连排名第52，虽然超过了重庆的第55名和天津的第62名，但指标得分已经是负数，而沈阳则在第66名。沈阳、大连的城市环境宜居情况急需进一步改善，见表8-8、图8-10、图8-11。

表8-8　　　　　　　　政策引领度指标比较

指标	沈阳	大连	上海	北京	广州	天津	重庆
城市营商环境排名	25	23	1	2	7	18	14
城市环境宜居排名	66	52	3	1	5	62	55

资料来源：城市营商环境排名数据来源于《城市影响环境评估报告（2023）》；城市环境宜居排名数据来源于第六届中国城市建设峰会暨国际学术交流研讨会在北京发布的《2023中国城市宜居指数分析报告》。

从政策实施的情况看，2021年7月，北京、上海、天津、重庆、广州获批率先开展国际消费中心城市培育建设，五市先后出台了培育建设国际消费中心城市实施方案。此后，北京推出"1个总体+10个专项+17个区域"实施方案体系，上海发布2023年建设国际消费中心城市工作要点，广州陆续出台各领域配套政策超过100项，重庆出台超过50条政策和新措施，2023年天津实施24项重大任务，加快建设国际消费中心城市。大连、沈阳也先后制订了培育建设国际消费中心城市方案，加快推进国际消费中心城市培育建设步伐。

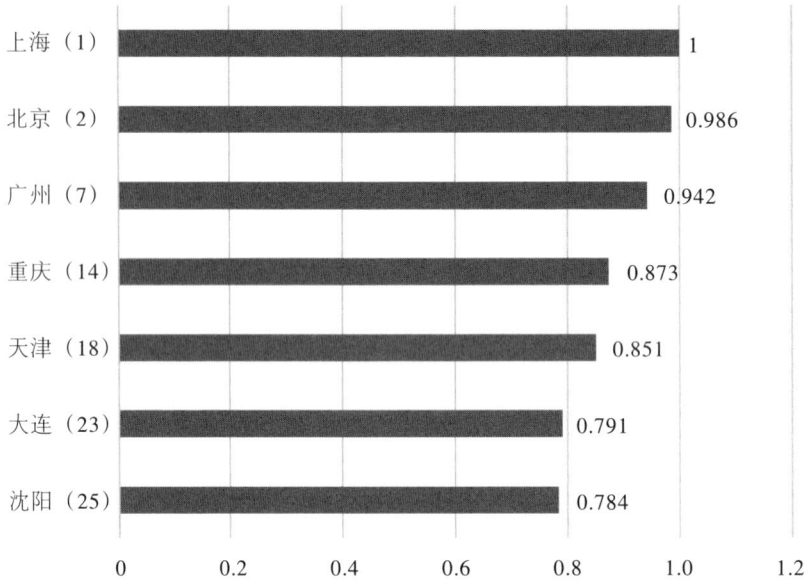

图 8-10　七市城市营商环境排名

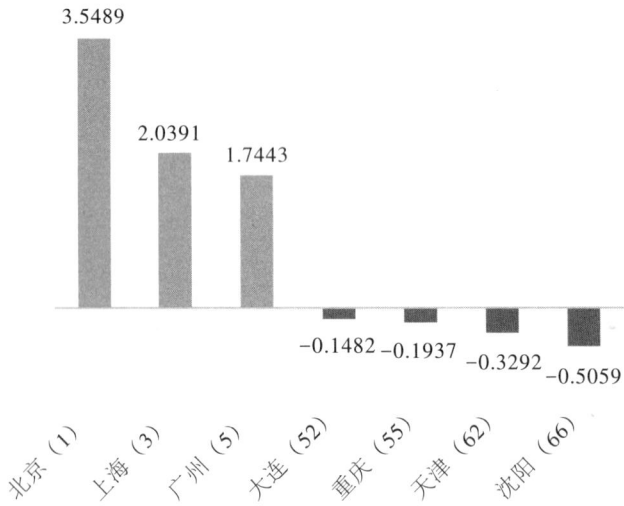

图 8-11　七市城市环境宜居排名

8.2.3　沈阳、大连五个维度综合分析

根据五个维度雷达图显示，沈阳五个维度的得分均没有超过七市均值，与最大值差距较大，见图8-12。在五个维度中，到达便利度是沈阳最大短板，应大力发展城际、商圈周围的交通体系，为外来消费提供便利。国际竞争力稍有不足，结合沈阳的区位优势，侧重加强与周边国家的开放往来，增强在东北亚地区的影响力和辐射力。政策引领度、消费繁荣度和商业活跃度是相对长板，应继续保持并创新发展，争取缩小与五市的差距，甚至赶超均值。大连的两大短板是到达便利度和国际竞争力，见图8-13。大连应重点加强内外交通网络建设和打开国际知名度，可以结合大连海洋资源丰富的特点，发展具有其独特性的消费带动力。

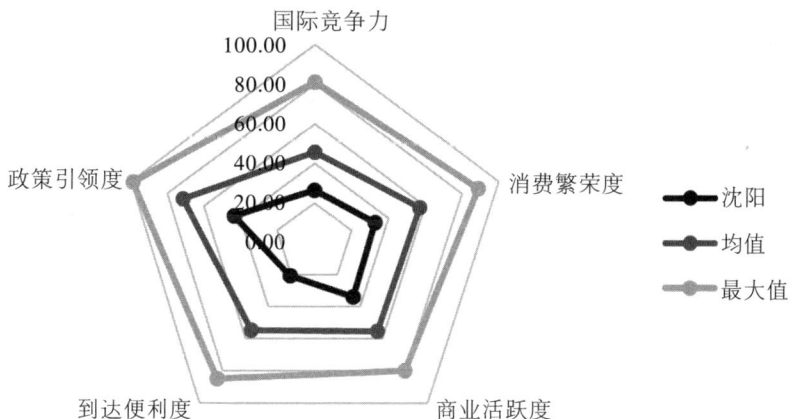

图8-12　沈阳五个维度雷达图

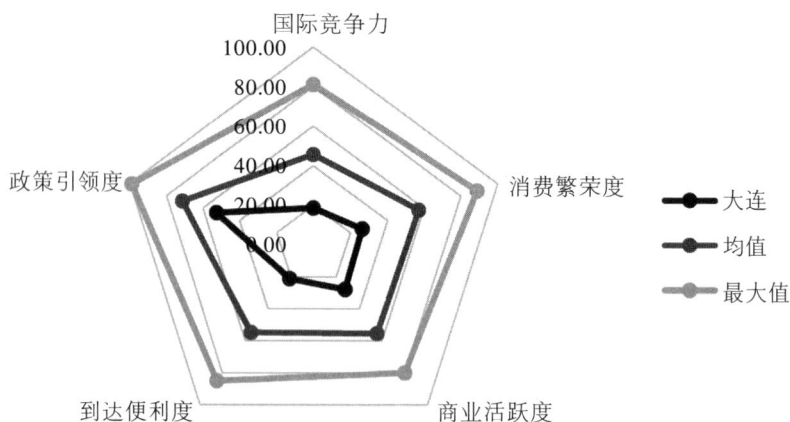

图 8-13　大连五个维度雷达图

　　通过与上海、北京、广州、重庆、天津五个国际消费中心城市的比较，沈阳、大连无论在经济总体规模、对外开放程度，还是在国际知名度、对外来消费的吸引程度上都存在较大的差距，在建设国际消费中心城市的过程中应充分借鉴试点城市的建设经验，取长补短，发挥自身优势，加快建设步伐。

第 9 章
沈阳、大连建设国际消费中心城市存在的问题

沈阳、大连依托工业基础、区位条件及政策红利等优势取得了建设国际消费中心城市的初步成效，但相较于建成国际消费中心城市的目标，在商圈升级、消费生态与全球资源配置能力等诸多方面还存在显著差距。核心问题集中在：国际品牌集聚度不足导致消费供给层级偏低，文化 IP 转化乏力制约消费场景创新，跨境服务便利化水平低影响消费体验升级，以及区域协同机制缺失导致的要素流通壁垒等。这些问题不仅影响了两市消费枢纽地位，更关乎东北亚国际化中心城市的建设，亟待通过制度创新与系统化改革思维破解发展瓶颈。

9.1　全球消费要素集聚能力

9.1.1　优质市场规模与能级不足

（1）经济体量与消费规模制约品牌吸附力

沈阳、大连在消费规模和市场成熟度上与国际消费中心城市存在明显差距。21 世纪经济研究院与全球领先的商业地产服务和投资管理公司——仲量联行发布的《国际消费中心城市建设年度报告（2023）》，通过对奢侈品、美妆个护、运动户外、智能电子、餐饮、超市、娱乐等不同业态的代表性品牌进行取样，并对品牌在样本城市的开店数量和开店能级进行统计分析，结果显示上海、北京居于前列，成都、深圳、广州紧随其后。品牌零售店在开店时要优先考虑城市的购买力，经济实力强、规模大的城市更容易吸引高端品牌的集聚。2024 年上海社会消费品零售总额为 17 940.19 亿元，是沈阳的 4

倍多，是大连的 8.6 倍；上海新增首店达 1 269 家，而沈阳为 120 家，大连 2023 年为 294 家。差距反映出不同级别的首店在沈阳、大连布局的意愿偏低，沈阳、大连现有的经济体量和消费规模，难以吸引国际高端品牌的投资商和运营商，城市消费市场对全球商业资源的虹吸效应较弱。

（2）国际化活动能级偏低

沈阳、大连承办的知名活动、体育赛事和高级别的会议数量较少，新品首发、首展、首秀活动较少，国际化程度低。主要原因是沈阳和大连的全球城市竞争力排名在 200 名以外，远低于排在前 10 名的北京和上海，距离第 90 名的天津也有很大的差距，对高能级的国际活动吸引力小。

一方面，两市部分专业配套场地等基础设施不足，难以承接国内外高水平赛事。沈阳曲棍球场地设施不完备，无法承接国内外高水平曲棍球赛事；大连举办的服装纺织博览会，展览面积 2.1 万平方米，规模仅为广交会的 0.6%，规模体量难以带动消费流量。另一方面，具有影响力的国际国内精品赛事不多，赛事体系仍需完善。目前缺少专项办赛资金，政策支持不灵活，导致缺乏高品牌知名度的国际顶级赛事，同时新兴体育赛事发展缓慢，赛事引领和辐射作用不够明显。从世界上著名的消费城市发展经验看，首发经济活跃，知名的国际会议、体育比赛、艺术演出、节庆假日在城市消费能级提升方面的作用至关重要，能够带动境内外客流，以及文旅、餐饮、交通等各类消费集中释放。

（3）国际知名商贸企业集聚度低

沈阳、大连在引进国际知名商贸企业、集聚优质市场主体方面发展滞后。北京和上海等城市通过开放的市场政策和高效的行政服务，集聚了大量国际商贸企业。上海市商务委员会数据显示，截至2024年4月，上海全球零售商集聚度居全球城市第二，一线国际品牌覆盖率高达98%。而沈阳、大连现有离境退税商店仅为22家和32家，不足北京的2.1%和3%，减少了境外消费者购物机会，制约了免税消费的增长。在"首发上海"推介会上，上海发布《关于进一步促进首发经济高质量发展的若干措施》，推出7条促进首发经济高质量发展政策举措，包括：打响"首发上海"品牌；吸引高能级首店落地；支持举办首发首秀首展；构建首发经济专业服务生态圈；优化首发活动报批报备管理；提供进口首发新品通关便利；鼓励各区出台支持措施。

沈阳和大连两市制订并实施了培育建设国际消费中心城市的方案，沈阳市出台了《沈阳市培育建设国际消费中心城市三年行动计划（2021—2023）》《沈阳市鼓励发展商业品牌首店若干政策措施》，大连市出台了《大连市培育建设国际消费中心城市实施方案》。但两市近几年在培育国际消费中心城市方面制定实施的政策较少，在政策引领度指标上两市排名分别为第25位和第23位，缺乏针对国际知名商贸企业的具体举措。

9.1.2 本土品牌国际竞争力薄弱

（1）品牌国际认知度不高

在根植中国、面向全球发展的民族品牌方面，沈阳和大连的本土品牌在国际市场的知名度和影响力相对较低。北京、上海、天津等城市拥有更多历史悠久、具有深厚文化底蕴的民族品牌，如全聚德、东来顺、老凤祥、狗不理等，在国际市场上具有较高的认可度和竞争力。从商业活跃度指标来看，沈阳和大连的中华老字号数量分别为19个和7个，远低于北京的137个、上海的197个和天津的72个。老边饺子、鹿鸣春、马家烧麦、萃华金店、康德记、益昌凝等本土品牌的区域辐射范围有限，缺乏全球化营销体系，难以吸引境内外消费群体。

（2）传统品牌创新转型滞后

沈阳和大连的本土品牌在创新发展方面的力度和效果相对较弱，两市的中华老字号品牌没有在传统业务基础上打造出新产品、新服务。应立足传统文化，加强创意设计，适应新消费需求，使本土品牌焕发新生，走上新国潮之路。上海制皂（集团）有限公司拥有蜂花、美加净等中华老字号和上海老字号品牌，公司不断推陈出新，通过与故宫博物院联名、发布品牌虚拟人等方式吸引更多消费者。北京同仁堂在中国品牌日活动期间，向观众们提供体验 AI 健康师活动，观众将双手放置在感应器上，AI 健康师便可分析出用户身体状况，并给出相应调理建议，一系列互动体验既为大家提供了"好吃、好玩、好健康"的养生方案，又普及了中医药知识。沈阳、大连的本土品牌在建设上缺乏新技术、新理念、新模式的引入，难以为扩大品牌知名度和影响力打开新的空间。

9.1.3　特色优质消费品供给稀缺

（1）商贸功能不足

沈阳和大连在实现"买全国、卖全国，买全球、卖全球"的商贸功能上发展不充分。北京、上海通过中国国际进口博览会等大型活动，有效发挥了溢出效应，促进了特色优质商品和服务的贸易。据中国国际进口博览局的数据，2024年第七届中国国际进口博览会吸引了来自129个国家和地区的3 496家企业参展，意向成交额800.1亿美元，比上届增长2.0%。2024中国县域博览会、第32届广州博览会落下帷幕，两个博览会期间迎来89个省市代表团和160多家县域代表团组团参展，58个省市代表团设特装展位，3 900家国企、民企参展，21个外国驻穗领事馆组团参展，共达成经贸合作签约项目154项，签约和达成交易总金额458.27亿元。沈阳2024年举办了"你好，沈阳"全球推介会、中德友好之夜等活动，国际友城达到23个、友好合作关系城市79个；举办"中日（沈阳）合作创新对接交流会""中韩国际技术转移项目对接会"等活动，吸引日韩高端装备、生命健康等领域企业投资。2024年9月，大连举办了以"时尚与科技2030"为主题的2024中国（大连）国际服装纺织品博览会，展览面积达到2.1万平方米，吸引国内外400余家参展商、420余个品牌参展。通过对比不难看出，沈阳和大连在利用会展平台扩大商贸功能、提升国际品牌集聚度方面，尚未形成足够的影响力和吸引力，与国际市场同步接轨的能力较弱，难以满足消费者对国际化、高品质商品的需求。

在跨境电商的发展方面，广州创新实施出口集拼模式，吸引超1 000家跨境电商企业，形成了从政策优惠、平台集聚到物流便捷、金融创新的完整跨境电商生态圈。截止到2024年7月，广州海关特殊监管区域跨境电商出口集拼模式下进出货值超200亿元，同比增长近5倍，集约使用综合保税区内仓库面积33万平方米，带动就业超3 000人。沈阳、大连的跨境电商也迎来了快速发展，海关跨境电商管理平台进出口数据显示，2024年前5个月，沈阳海关监管保税电商进口商品总值 1.3 亿元，同比增长 25.1%；大连跨境电商企业实现进出口额 52.93 亿元，同比增长 1.83%。即便如此，两市的跨境电商规模与发展程度和广州相距还很大，在模式创新、扩宽渠道和政策上还需继续深耕，以便为跨境电商赋能辽宁经济高质量发展注入新动能。

（2）"三品"战略成效少

沈阳、大连在实施增品种、提品质、创品牌的"三品"战略方面，虽取得了一定的成效，但在品种创新、品质提升和品牌创建方面发展仍然落后。在"2023 年国家消费品工业'三品'战略示范城市"名单中，沈阳、大连共上榜 3 地，为全国 60 地的 1/20，占比较低，从供给角度上限制了消费者对高品质商品的消费体验，需要进一步加强相关政策的支持和引导。

9.2　消费载体能级与场景创新

9.2.1　世界级商圈建设滞后

（1）缺乏全球性商业地标

国际消费中心城市大都拥有一批具有国际影响力的商圈。北京、上海均拥有全国示范步行街 6 条，吸引了来自世界各地的消费者，社会消费品零售额居全国前列。根据北京市商务局的数据，2023 年王府井商圈的零售额约 122.24 亿元人民币；上海南京路商圈零售总额超过 900 亿元，引进的全球首店、亚洲首店等高能级首店数量占到全市的 1/3，成为上海最具代表性的商业中心之一。纽约第五大道和巴黎的香榭丽舍大街也是全球知名的高端购物街区，吸引了众多国际品牌入驻。沈阳与大连虽各拥有1条国家级示范步行街，但总量偏少且缺乏具有国际影响力的商业地标，相比上海南京路、北京国贸等国际消费地标差距显著，对国内外消费群体的吸附力较弱，制约了两市消费能级的跃升。

（2）国际化服务配套不完善

世界级商圈的建设不仅需要硬件设施的完善，还需要营造国际化环境。世界级商圈不仅要吸引本地消费者，更要吸引全球消费者。沈阳和大连在商圈规划和建设中，在语言服务、支付便利、商品质量、离境退税商店数量及便利性等方面，应充分考虑不同消费者的需求，打造舒适、便利的消费环境。在监管体系、服务标准与国际接轨等方面，还需要进一步提升商圈的国际化水平。尤其在外语标识、提供多语种服务、优化交通接驳方式等方面，应提高商圈的服务能力。

9.2.2　消费场景创新短板

（1）消费场景业态单一

沈阳和大连在丰富服务业态，打造沉浸式、体验式、互动式消费场景方面创新相对不足。目前中国一线城市的购物中心普遍引入了多元化业态，如北京荟聚中心以其丰富的文化活动和互动体验著称，2024年成功举办了北京新春游园会、宜家新品首发、ecco"随时开练"北京首展、酷乐潮玩赛罗奥特曼北京首展见面会、酷乐潮玩卡皮巴拉农场系列北京首展、HEC MiniShow 2024年中国国际模型博览会等多场活动，提供了一个充满活力和创新精神的购物环境，持续吸引周边消费者，提升消费体验。此外，近年来以上海虹桥机场为代表的机场商业蓬勃兴起，成为城市消费的新场景。机场不再仅承担运输功能，其消费功能也逐渐凸显，出现了一个新的消费趋势，很多旅客会专门为购物而选择某个机场搭乘航班。而沈阳和大连的购物中心和百货店在业态创新上并不突出，购物中心新业态相对较少，体验式和互动式业态的占比相对较低，桃仙机场和周水子机场也未能形成消费新场景。

（2）文体旅融合协同效应缺失

一座城市的独特自然资源与历史文化资源，是消费保持旺盛的基础。数据显示，沈阳和大连的优质旅游资源比其他五市少了很多，举办的国际知名体育赛事也寥寥无几，两市接待旅游人数和旅游总收入不足北京、上海的一半。辽宁提出打造新时代"六地"，在"高品质文体旅融合发展示范地"上，沈阳、大连应该争做排头兵，但目前两市文体旅融合发展带动消费的作用不强，具体表现在以下几点：

融合发展基础设施不完善。沈阳、大连的文体场馆建设虽然日益增多，但分布不均衡，有些区域过于集中，而有些偏远地区则缺乏相应的设施，在一定程度上限制了文体活动的普及和深入发展。旅游基础设施的建设还有待加强。尽管拥有著名的历史文化资源和自然景观，但在旅游交通、住宿、餐饮等方面仍存在短板，游客的旅行体验不够顺畅和舒适。

融合发展缺少项目支撑。目前，沈阳和大连多数文体旅融合的项目规模较小，缺乏大项目和标志性项目的引领和带动。两市文体旅资源在市场中没有得到有效配置，既缺少像上海迪士尼、北京环球影城这样的典型文旅IP，也缺少像成都宽窄巷子、福州三坊七巷、重庆洪崖洞、贵州村超这类极具地方特色的精品文体旅融合项目，更缺少像西安"大唐不夜城"、杭州"宋城千古情"、郑州"只有河南"等现象级文旅IP。2023年"十一"期间来沈游客平均停留天数1.76天，低于西安的2.36天、成都的2.94天、郑州的3.41天，夜间游、味蕾游、沉浸游等业态发展还不全面，将"流量"变成"留量"的能力还不足，文体旅产业链延展性、渗透性、丰富性还不够。文体旅融合发展要在"场景打造、活动创造、服务升级"上下功夫，要解决不同产业融合路径、提升上下游配套能力、创新消费场景等问题。

融合发展缺少新模式、新业态。2023年冬天哈尔滨冰雪大世界火爆的一个关键就是新模式、新业态、创新融合项目层出不穷，不仅产生吸睛爆点，也赢得了游客口碑和体验。目前，两市文体旅融合发展仍处于初级阶段，业态相对单一，AI、数字化等高端科技的应用不足，沉浸式、体验式业态较少，新经济形态发展不强，商业空间缺乏创新模式和新型业态的有力支撑。

9.3 全球消费新趋势

9.3.1 响应全球消费潮流迟缓

（1）首发经济效应弱化

沈阳、大连的首发经济发展缓慢，虽然首店的数量逐年增加，但增长缓慢，数量远低于一线城市，2024年沈阳引进首店120家，不足上海的1/10。新品首发、首展、首秀活动寥寥无几，总体效应发挥较弱。两市在消费引领度方面难以形成区域聚集力和辐射力，需要把握全球消费新趋势，通过政策引导和市场激励，吸引更多的国际品牌和设计师开设首店，进行新品首发、新产业首展和时尚首秀，提升城市的潮流引领度。

（2）线上线下融合不充分

2024年，我国全年实物商品网上零售额为127 878亿元，比上年增长6.5%，占社会消费品零售总额的比重为26.5%。比较来看，2024年沈阳全市限额以上实物商品网上零售额546.9亿元，增长3.8%，占社会消费品零售总额的比重为12.5%；大连全年限额以上单位通过公共网络实现零售额126.8亿元，比上年增长56.1%，占社会消费品零售总额的比重仅为6%，两市的线上零售额占比较低。应大力推动线上的商业模式，扩大线上经营范围，打造线上线下融合的场景营销，通过全网全平台入驻拓展平台渠道；以直播带货等形式打造线上线下融合的体验式、沉浸式购物环境；出台政策支持跨境电商平台、直播平台建设，加大力度培育新的消费增长点。

9.3.2　新型消费模式匮乏

（1）数字技术赋能乏力

沈阳、大连在利用人工智能、5G、互联网、大数据、区块链等前沿技术推动商业转型升级方面速度相对较慢。以5G基础设施建设为例，根据工信部的统计数据，截至2024年6月底，全国5G基站总数达391.7万个。其中，北京、上海、广州、重庆、天津分别建成11万、9.2万、9.17万、9.89万和7.2万个5G基站；沈阳累计建成5G基站数量达4.3万个，大连只有1.9万个。在利用前沿技术推动商业创新方面，部分发达城市做了尝试，效果明显。例如，在零售业、教育和娱乐等领域利用 AR 和 VR 提供沉浸式体验，通过分析大量数据了解客户行为和偏好，并预测市场趋势和消费者需求，再通过数据分析优化库存管理和物流，应用 5G 技术实现快速配送以及通过区块链技术确保产品来源的真实性等。沈阳和大连应加强数字商业技术的应用和推广。

（2）新型消费模式发展滞后

纽约、巴黎等国际大都市通过创新消费模式，如云走秀、云体验等，为消费者提供了全新的购物和体验方式。根据全球时尚产业报告，云走秀已成为全球时尚产业的新趋势，吸引了大量年轻消费者。沈阳和大连在新型消费模式应用方面属于跟随型，原创型不足。云逛街、云购物、云展览等在沈阳和大连的应用较少，商业模式的创新明显不足，需要加强供给，为消费者提供更加多样化和个性化的消费体验。

（3）直播电商发展缓慢

网经社电子商务研究中心发布的《2023 年中国直播电商市场数据报告》显示，2023 年直播电商交易规模达到 49 168 亿元，同比增长 40.48%；直播电商用户人均年消费额为 8 660 元，同比增长 17.03%。全国主要直播电商企业共有 117 家，其中，浙江地区直播电商公司数量最多，有 42 家，占比 35.9%；其余依次为北京 24 家、广东 19 家、上海 11 家。沈阳、大连并未上榜。此外，北京、上海等城市在直播电商、社交电商、社群电商、"小程序"电商等新业态方面发展迅速，形成了一批具有影响力的电商平台和品牌。近几年，沈阳和大连的直播产业规模虽不断扩大，网红经济逐步壮大，但内容主要以娱乐为主，在营销的发展上相对缓慢，需要有序推动新业态快速发展，培育一批具有竞争力的电商平台和电商品牌。同时，应加强利用社交媒体和短视频为品牌做营销推广，提升品牌的知名度和影响力。

9.4 国际化消费环境建设

9.4.1 宜居宜商软实力短板

宜居宜商是一个城市软实力的体现。宜居城市通常拥有良好的生活环境、教育资源、医疗设施和公共服务，这些因素可以吸引外来人口流入，增加城市的人口规模和消费潜力。宜商环境则通过吸引更多的企业和投资者，来推动本地产业的发展，创造更多的就业机会，最终拉动消费。宜居宜商能够树立较好的城市形象，吸引游客和商务人士，带动旅游消费和商务消费。

中国宜居城市研究中心发布了《2024中国城市宜居指数分析报告》，选取经济活力与竞争力、环境可持续性、城市治理与稳定以及社会文化与教育这四大板块进行评估，排名前20的城市及指数得分见表9-1。

表9-1 　　　　　　　2024中国城市宜居指数排名

排名	城市	指数
1	上海市	2.9910
2	杭州市	2.4946
3	北京市	2.4140

续表

排名	城市	指数
4	哈尔滨市	2.1811
5	扬州市	2.1352
6	海口市	2.0080
7	广州市	1.7026
8	淄博市	1.4168
9	南京市	1.4102
10	深圳市	1.3295
11	厦门市	1.2416
12	成都市	1.1677
13	宁波市	1.1382
14	珠海市	1.1324
15	绍兴市	1.1116
16	西安市	1.0441
17	湖州市	0.9864
18	中山市	0.9580
19	东莞市	0.9017
20	青岛市	0.8729

除北上广三座城市进入前20之外，重庆第46名，指数得分-0.0485，沈阳第63名，指数得分-0.4074，大连第67名，指数得分-0.5053，天津第68名，指数得分-0.5163。沈阳和大连的排名虽然超过了天津，但指数得分为负值，说明在四个方面都需要提高，总体情况差距不小，主要原因分析如下：

（1）城市标志性景观和自然环境美化不足

纽约的中央公园占地面积达到 3.41 平方千米，是城市中心的一片绿洲，为市民提供了休闲、运动和聚集的空间。巴黎的塞纳河沿岸的景观设计、两岸的历史文化资源和活动，为城市增添了独特的魅力。截至 2023 年年底，北京市城市绿化覆盖率达到 49.8%，人均公园绿地面积达到 16.9 平方米，北京经过两轮百万亩造林绿化建设，城市总规确定的"一屏、三环、五河、九楔"绿色生态空间结构基本形成。2023 年沈阳市建成区绿化覆盖率为 42.63%，人均公园绿地面积 14.66 平方米；大连市建成区绿化覆盖率为 45.92%，人均公园绿地面积 12.23 平方米。两市的公园绿地面积还存在一定差距，并且在城市自然环境美化方面还没有形成具有国际知名度的标志性景观，需要全面加强城市绿化、水体治理等工作，提升城市的自然美感。

（2）涉外服务存在盲区

完善的涉外服务设施是提升城市国际化水平的重要因素。纽约、巴黎等城市在涉外服务设施配套方面做得非常完备，拥有众多的涉外医疗机构、出入境服务站等，为外籍人员提供了便利的服务。2024 年 6 月，上海在浦东机场启用外籍人员一站式综合服务中心，按照支付、文旅、通信、交通四大模块功能，为入境国际旅客提供入境服务指南、《外籍人员在沪服务手册》、旅游地图、Wi-Fi 设备租赁、手机 SIM 卡销售、交通卡销售、外币兑换、零钱包兑换、移动支付及人工咨询等综合性全天候的便利服务，与上海国际服务门户多语种网站形成线上线下一体化服务网络。而沈阳和大连比较完善的涉外服务设施配套较少。例如，在商业活跃度维度中免税店和离境退税商店数量这一指标上，沈阳和大连分别为22个和32个，与北京的1 070个和上海的732个差距显著，两市的涉外服务设施滞后、支付的开放度和国际化水平不足，影响了境外来访者的消费。

（3）城市交通网络等公共服务设施不便利

从到达便利度得分来看，排名第一的上海得分83.20，而大连是21.26、沈阳是20.92。沈阳和大连在航线班次数量、地铁/轨道运营总里程和网约车数量方面差距最大，在城际和城市内的交通网络方面还需加大建设力度。

（4）城市文化氛围不够浓厚

城市文化是提升城市吸引力的重要因素。纽约、巴黎、伦敦、东京等城市通过举办各种文化、展览、节庆等活动，营造了浓厚的独特文化氛围。2024年北京全年举办市民系列文化活动1.6万场，天津举办了1.3万场的文化活动和惠民演出，而大连组织的群众文化活动仅1 260场。2023年沈阳、大连文化消费占居民总支出比例分别为6.8%和5.9%，低于全国平均水平9.1%，文化资源的经济价值未能充分释放。沈阳和大连要加强文化内核及基础设施建设，举办更多具有本地特色的国际化文化活动，提升城市的文化软实力。

9.4.2　市场信用环境建设不完善

（1）社会信用体系不健全

社会信用体系是市场经济体制的重要组成部分，对于规范市场秩序、提高经济运行效率具有重要作用。北京市经信局发布2023年北京社会信用体系建设的12项建设成果，包括：推进以专用信用报告替代有无违法违规信息查询创新改革、信用监管机制实现全市重点行业领域全覆盖、全国首个社会组织信用监管制度出台、实现国家信用示范区"零的突破"、京津冀晋信用合作共建助力营商环境一体化等措施。让守信践诺成为北京营商环境最醒目的标识，成功打造首善之区的"北京诚信"。沈阳和大连在市场秩序的建立和社会信用体系的建设方面缺乏成熟完善的政策体系。没有完善的市场秩序和安全放心的消费市场环境，不仅无法有效打击违法违规行为，也难以保护消费者和企业的合法权益，让人不敢在本地消费，造成消费外流，影响市场的健康发展。

（2）新型监管机制建设薄弱

新型监管机制是提高市场透明度、降低交易成本、促进公平竞争的关键。在中央广播电视总台发布的《2023城市营商环境创新报告》中，大连入选"年度创新城市"，并在"公共服务优化"和"对外开放提升"两个维度入选"2023城市营商环境创新城市"。沈阳在"市场机制改革"和"权益保护健全"两个维度入选"2023城市营商环境创新城市"。两个城市在营商环境的建设上取得了长足的进步和显著的效果。但是在"监管机制创新"维度上沈阳、大连没有入选。两市市场环境建设的薄弱环节是监管机制创新，还没有形成与国际接轨的新型监管体系。

（3）与国际标准接轨度低

国际标准化服务体系是通过制定和实施国际标准来促进全球贸易、提高产品质量、保障安全和健康、保护环境以及提升效率，包括质量管理标准、环境管理标准、信息技术标准、运输和物流标准等。标准化服务是提高服务质量、降低企业运营成本、吸引外资的重要手段。北京市通过制定《首都标准化发展纲要2035》，从战略高度加强首都标准化工作的顶层设计，提出了"五个更加"的定性要求和7项定量指标，包括制定京津冀区域协同地方标准30项以上、制定国际标准80项以上、制定地方标准800项以上、建成至少12个国家技术标准创新基地等。北京、上海等地在标准制定上具有较强的前瞻性和国际化视野，积极参与国际标准化组织的活动，推动中国标准与国际标准的接轨和融合。北京和上海的标准制定涵盖了广泛的产业领域，不仅包括传统制造业，还涵盖了现代服务业、高新技术产业、文化创意产业、金融等多个领域。北京制定了《北京市大数据标准体系》，推动大数据产业的规范化发展；上海制定了《上海现代服务业标准》《上海清算标准》《关于推进本市新一代人工智能标准体系建设的指导意见》。

沈阳、大连近几年也在积极推动标准化改革创新，2023年沈阳市政府印发了《沈阳市贯彻落实国家标准化发展纲要实施方案》，大连制订了《大连市商贸流通标准化建设实施方案》，但两市在标准制定上更多地侧重于本地需求和产业发展，主要集中在传统优势产业和民生领域，如装备制造业、农产品质量安全、城市建设等，对新兴产业和现代服务业的覆盖度相对较低，前瞻性和国际化程度不足，且在国际标准制定中的话语权较弱，制约了两市的消费环境国际化进程，使得在跨境消费服务、高端要素配置等领域难以与国际规则深度接轨，需通过标准体系的前瞻布局与开放协同，实现消费环境质量的全方位提升。

9.5 国际消费政策制度体系建设

9.5.1 离境退税政策不完善

便利的离境退税政策在国际消费者眼中，是提升购物体验、简化消费后退税程序的重要手段，对于吸引国际消费者具有显著效果。然而，沈阳和大连在这方面存在严重不足。首先，两地现有的免税店和离境退税商店数量相对较少，无法满足国内外消费者日益增长的购物需求。其次，北京、上海、海南等地鼓励引导更多商户成为离境退税商店，提高"即买即退"覆盖率，而沈阳和大连尚未设立"即买即退"的离境退税商店，导致国际消费者在购物后需要额外的时间和精力去办理退税手续，增加了购物的不便。这种状况极其不利于提升沈阳和大连在国际消费者心中的形象，也阻碍了国际消费的便利化进程。因此，两地应加大免税店和离境退税商店的建设力度，并探索"即买即退"的退税模式，以优化国际消费体验，促进本地消费的繁荣发展。

9.5.2 专业人才引进政策不完善

在促进消费发展的过程中，沈阳和大连面临着专业人才支撑乏力的严峻挑战。两地缺乏对国际化、复合型商业运营、供应链管理、时尚设计以及消费服务等专业人才的引进与培育机制。目前，沈阳和大连尚未形成一套系统的商贸人才引进政策，以吸引高端海外创新创业人才和紧缺的专业技能人才。这不仅阻碍了商贸业的创新能力，也影响了商贸业整体的发展水平。

此外，两地对于商贸新业态职业人群的培育不足，缺乏多层次、全覆盖的服务技能培训以及国际语言和服务礼仪的培训，导致消费服务行业人才素质参差不齐、难与国际接轨，不能满足消费者日益增长的高品质的服务需求。沈阳和大连应着手制定有针对性的人才引进政策，加大对国际化人才的吸引力。同时，通过多层次、全方位的职业培训，提升服务人员的专业技能和服务水平，以促进商品消费的品质化提升和服务消费的国际化水准。

9.6　区域消费协同发展

在辽宁"一圈一带两区"的规划下，沈阳和大连的消费引领对于带动区域联动发展存在严重不足。具体而言，两地尚未建立起有效的辐射带动机制，未能充分发挥城市核心的集聚和整合能力，应以培育城市为核心，聚集整合区域消费资源，强化优势互补、协调联动，形成一种"以周边支撑中心、以中心带动周边"的区域联动机制。

9.6.1　产业同质化制约资源整合

（1）产业结构的同构性较高

沈阳和大连在历史上都曾是重要的工业基地，拥有较为相似的产业结构，如装备制造、汽车、石化等。这种同构性导致两地企业存在直接竞争关系，而非互补合作，难以形成产业链的协同效应。沈阳汽车零部件产业与大连港口物流未形成"前店后厂"式联动，特色商品集散与展销平台建设滞后，削弱了区域消费资源的整合能力。

（2）区域消费资源分布不均

沈阳和大连在区域内的消费资源分布不均，一些优质资源主要集中在城市中心区域，而周边地区、农村则相对匮乏。沈阳的消费资源集中在中街、老北市、太原街等核心区域，拥有众多高端商业项目和老字号品牌，而周边地区和农村的消费设施相对薄弱，消费市场发展滞后。大连的消费资源主要集中在金州区、甘井子区和中山区等经济发达区域。金州区地区生产总值达3 000亿元，消费市场活跃，而长海县等以第一产业为主的区县经济发展水平显著落后。商业资源分布的不均衡使得区域消费市场难以形成规模效应，影响了消费一体化的发展。

9.6.2　区域消费市场发展不平衡

（1）没有建立区域合作机制

沈阳和大连在区域消费资源的整合与优化配置上，缺乏有效的合作机制。两地之间在信息共享、资源共享、市场共享等方面存在障碍，导致区域消费市场难以形成合力，拓展受到限制。以旅游业为例，沈阳和大连虽然都拥有丰富的旅游资源，但两地之间的旅游合作相对较少，游客不能共享，缺乏线路联结。这种状况不利于城市群、都市圈的消费一体化。

（2）区域消费辐射带动力不强

沈阳和大连作为区域中心城市，拥有较大的消费市场。然而，由于缺乏有效的区域联动机制，两地的消费潜力未能充分释放，导致区域消费市场发展不平衡。以社会消费品零售总额为例，2024年沈阳市社会消费品零售总额为 4 372.6亿元，大连市为 2 085.9亿元，而鞍山的零售总额仅为 871.1亿元。沈阳和大连周边地区的消费水平相对较低，这与两市的消费总额形成了鲜明对比。这种市场分割导致了区域消费市场的发展不平衡，"中心—外围"消费能力断层明显，跨城消费数据共享、交通互联等机制缺失，制约了区域之间消费市场扩容升级。

第 10 章
推动沈阳、大连建设国际消费中心城市的对策建议

随着新一轮《提振消费专项行动方案》的出台，省委省政府要高位谋划建设沈阳、大连国际消费中心城市，以"六个坚持"为原则，即坚持市场主导与政府引导相结合，坚持国内消费与国际消费统筹协调，坚持传统消费与新型消费相互促进，坚持消费供给与消费需求两端发力，坚持品质提升与规模发展并举，坚持协同联动与差异化发展并济。立足沈阳、大连"双引擎"的发展基底，在更高层面形成沈大双城消费协同，"五点发力"以开放打开消费新格局，以流量带动消费增量，以服务提升消费品质，以创新拉动消费能级，以总部引领产业升级，要形成以人为出发点，以通道建设为核心点，以载体平台为落脚点，以服务为发力点，以业态为强基点，以产业为主攻点的大消费生态。两市对外要协同形成一个整体，对内要各具特色形成差异化发展，不断增强消费对经济发展的基础性作用，将沈大建设成为国内大循环的核心节点，双循环的关键枢纽，实现消费经济高质量发展新格局，如图10-1所示。

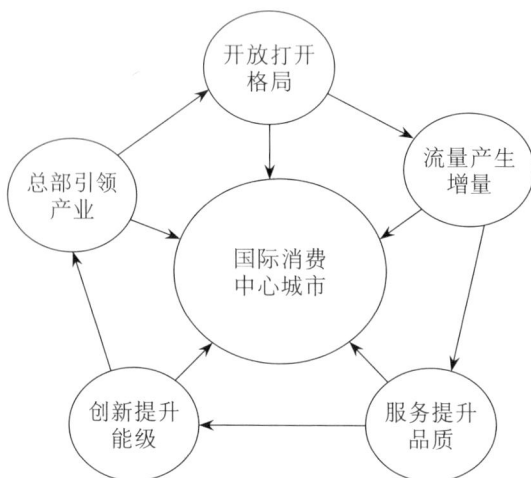

图10-1 培育国际消费中心城市总体思路

10.1 强化顶层设计促进沈大协同发展

10.1.1 强化顶层设计，明确发展定位

（1）沈阳定位区域性国际消费中心城市

按照全省的开放布局，沈阳以东北亚国际化中心城市为依托，建设国家综合枢纽、东北亚国际商贸中心、区域性文化创意中心、东北亚国际会展中心、自由贸易港，以"一枢纽三中心一港"为支撑，培育区域性国际消费中心城市。

（2）大连定位特色型国际消费中心城市

以战略眼光、全球视野谋篇布局，大连跨区域整合渤海、黄海两翼及沿线港口，打造最具活力的大连湾区，借鉴东京湾、粤港澳大湾区经验，形成开放引领的最前沿。对标海南自贸港，打造以东北亚国际航运中心、东北亚国际商贸中心、国际交往中心、国际知名旅游目的地、自由贸易港，即"三心一地一港"为支撑，以海洋经济临港产业为特色的特色型国际消费中心城市，如图10-2所示。

10.1.2 以超常规发展思路，促进沈大协同发展

面对沈阳、大连建设国际消费中心城市的差距和短板，借鉴"粤港澳大湾区""成渝双城"的发展经验，以超常规举措、创新性思维，创建沈大消费协同发展体制机制，构筑辽宁对内对外消费平台，打造国际消费中心城市。

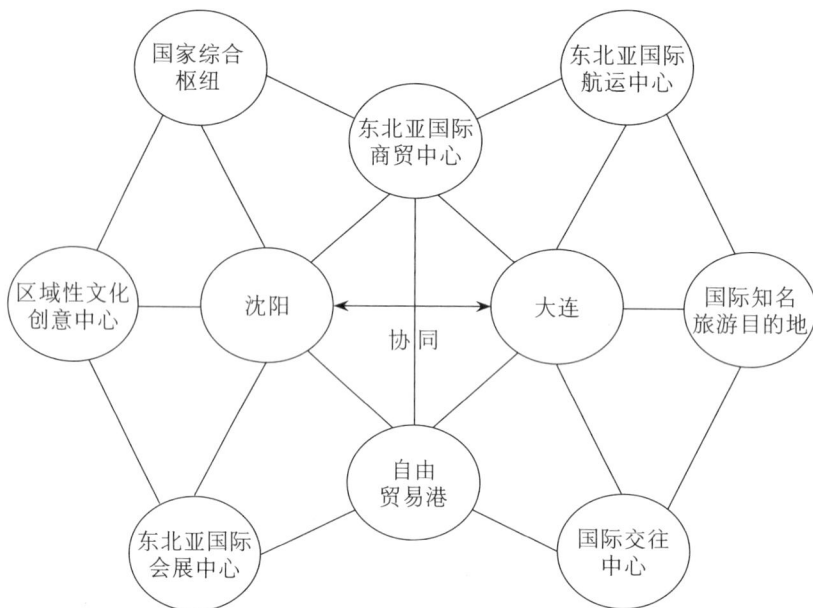

图10-2 沈阳、大连建设国际消费中心城市发展定位

（1）高位谋划部署，确立协同发展体制

加强顶层谋划，统一部署，由省委省政府主导建立沈大消费协同发展体制，成立沈大国际消费中心城市协同建设发展工作专班，起草沈大消费协同发展战略规划，建立协同规则，定期进行重大事项协商，确立协同发展的重点任务。

（2）形成两市一致行动，建立"五大协同"机制

以大连为龙头深入腹地，以沈阳为中心辐射周边，形成对外一个整体，握成一个拳头集中发力，对内各具特色，即差异化发展海、陆特色产业，形成优势互补的错位发展机制，既要避免内部恶性竞争，又要沿沈大开放轴，形成双极辐射、湾轴支撑、陆海贯通、内外互济的联动共赢，统筹建立通道协同、平台协同、投资协同、政务协同

"四大协同"机制，统筹基础设施建设、招商引资、外宣推介、政务服务等，确立两市一致行动方案，着力破除跨市行政性壁垒对协同发展的制约。

（3）构建沈大统一大市场，形成消费倍增效应

一是强化沈大市场制度规则统一和设施平台的市场底层基础建设，深化沈大商品市场、要素市场一体化建设，进一步破除区域分割和地方保护等不合理限制，高标准建设统一市场体系。二是推动沈大协同共建，以消费促进沈大区域产业链、供应链深度融合，实现区域产业资源共享、产业共兴、通道互联、场景共建。三是加快数字经济发展，充分利用数字平台打破空间限制、引导要素充分流动的新特性，塑造产业协作新动能。

10.2 重构国际消费新格局

以布局"通道+枢纽、载体+平台"的战略思路，将"道、湾、港、结"上升为国家战略，构建国际消费中心城市的通道体系，打开面向世界开放的辽宁新格局。

10.2.1 依托东北海陆大通道构建发展新格局

积极推进东北海陆大通道上升为国家战略，畅通消费通道建设。东北海陆大通道贯通南北，向南连接东南亚、南亚，向北打通蒙欧及东北亚，向西直达欧美，确定全球要素配置及资源新走向，重新构建全球格局。强化海、陆、空、管、网，形成五通道体系建设。以网络

统筹通道进行运营管理，高效对接国际国内各通道运营平台，形成一网通管。横向上，加强公铁海多式联运，直达通往欧洲的6个口岸；纵向上，以新建沈阳机场二跑道、大连金州机场和大连港为中心，增加国际航线辐射力；陆路通道建设以铁路为主、公路为辅，规划油气光管网建设，充分利用空间，向地下布局。

10.2.2　高标准谋划一批国家级物流枢纽

高水平建设沈阳、大连国家物流枢纽，提升枢纽能力。沈阳以建设国家综合枢纽为目标，构建临空经济区、中欧班列集结中心、全国骨干冷链物流节点；大连建设国际航运中心、金州国际机场、中欧班列集结中心、全国骨干冷链物流节点等枢纽。推动沈阳上升为国家中欧班列集结中心，加快推动机场的建设运营，大力发展航空货运，扩大海铁联运，弥补大连末端城市陆路运输劣势，加快干支配等关键线路的建设。高标准规划实施一批高速公路、铁路、港口、机场等交通基础设施建设项目，将沈阳、大连打造成陆上丝绸之路与海上丝绸之路的重要枢纽，让辽宁从"一隅"走向开放新"前沿"。

10.2.3　组建"大连湾区"承载东北亚经济合作

以大连港为核心，依托辽宁港口群辐射辽宁全域，构成"大连湾区"，向东连接东北亚"一小时商务圈"内的核心城市，成为东北亚区域经济合作的中心。"大连湾区"以沈阳、大连两个大城市为中心，整合东北区域空间资源，引领东北亚产业结构调整升级，以高度发达的海运、航空、高速路网和强大的集疏运系统，打破行政壁垒和体制束缚，打造世界级的湾区。组建"大连湾区"，并上升为国家战略，将与粤港澳大湾区形成东北亚与东南亚南北联动，并与东京湾一起成为世界级的"三湾"。

10.2.4 搭建国际贸易平台"辽宁自由贸易港"

辽宁建设自由贸易港具备全面试验最高水平开放政策的独特区位优势，以省内陆港、沿海港口群为依托，以先进制造业和临港产业为基础，构建起与世界各国进行贸易与交流的国际平台，对标国际高水平经贸规则，建立高水平政策制度体系，聚焦贸易投资自由化、便利化，建设具有国际竞争力和影响力的海关监管特殊区域，在聚集全球优质生产要素、着力推动制度创新、培育增长动能、构建全面开放新格局等方面取得新突破，与海南自由贸易港、香港自由贸易港形成南北互济推进高水平开放的"三港"。

10.3　吸引全球流量促发消费增量

建设沈大统一协同发展平台，推动人流、商流、物流形成"大流通"，促进全球流量汇聚，带动消费增量，加速实现"买全球卖全球"。

10.3.1 建设协同发展平台，释放消费潜力

建设沈大统一协同发展平台，包括基础设施平台、运营操作平台、宣传推介平台和综合服务平台，持续聚集人流、商流、物流、资金流、技术流、信息流等各类优势资源要素，不断吸引要素流量、形

成经济增量、释放发展能量，提高流量要素的规模和效率，提升沈大高集聚、高辐射、高质量的消费水平。

10.3.2 吸引国际客流，拓宽消费渠道

增加入境流量，实现消费翻倍。人是消费的起点，人流带来商流、物流、资金流、信息流等。在不考虑沈阳大连本地人口变动的情况下，如果入境流量翻一番，将实现旅游消费、交通消费、服务消费、商品消费等翻倍增加，社会消费品零售总额将赶超天津、重庆，直逼广州和北京，旅游总收入将超过天津和广州，服务业增加值超过天津和重庆、接近广州，消费品进口额超过重庆和广州，航班班次仅落后于北京、上海。因此，增加客流是一切消费的基础。

增加人流有以下几种途径：一是打造国际交往中心，社会各界广泛与各国开展友好往来，增加航班航线的覆盖面。二是宣传大连的国际旅游目的地形象，利用独特的历史文化、景区、气候、生态环境等，将来连游客增量延伸到沈阳。三是依托东北亚会展中心，整合两市在会议、展览、节庆、赛事、演出等领域的资源，通过互设巡展、巡演、分赛场及分会场等形式，形成联动效应，带动流量倍增。四是吸引国内外企业来辽办企业、建园区，长期锁定外来人群，创造消费。五是增强区域性文化创意中心的影响力，以区域的文化特色带动消费。六是针对外来重点人群提供符合其需求的消费。对青年人提供前沿消费和地区特色化消费项目，对老年人提供康养医疗消费，对幼儿和学生提供高端国际化教育的幼儿园和国际学校，对商务人士提供高端休闲场所，如高尔夫球场、游艇等。七是利用地区价格差异，凭借美食、商品、奢侈品等价格优势，吸引海外游客，同时产生连带

消费。

10.3.3 提升国际化商流，丰富商业供给

要实施国际消费载体提质工程，打造国际消费增长极，加快培育建设世界知名商圈，提质特色商业街区和夜市街区，打造以沈阳、大连为核心的东北亚商贸中心，形成国际消费资源集聚。一是推进国家级外贸转型升级基地提质扩容，力争每个基地新增进出口规模超亿元外贸主体数量。二是完善城市高端商业供给，持续提升改造国际化都市商圈，打造国际消费商业街区，优化配置各类商品市场和大型零售商业设施资源，淘汰落后业态。引进SKP、太古里等国内外高端商业综合体，促进国际一线商业品牌集聚，补齐国际品牌和本土自创高端品牌短板，引导海外消费回流。三是支持首发经济，开展首店、新品首发、首展、首秀活动，在市内布局免税和退税商店。在市内各大商圈的大型商业综合体内设立免税和退税商店，丰富国际高端商品供给，店内引入RFID电子标签，实现"扫码即购、海关同步扣减"，开发线上预购小程序，顾客下单后，店内提货或配送至登机口。四是发展新基建，建设智慧商业，鼓励现有商业进行数字化、智慧化改造提升。五是扩展跨境电商，大力培育跨境直播，搭建海外仓综合服务平台，推动跨境电商海外仓高质量发展。六是打造"夜经济"商圈。依托两市地标、重点商圈和文博场馆、旅游景区、体育场馆等资源，策划富含文化底蕴、彰显城市魅力的"夜经济"精品活动，包括夜食、夜购、夜娱、夜游、夜研、夜读、夜宿、夜体等八个子品牌。开发夜间旅游专线，串联多个商圈形成"夜经济带"，活跃消费市场，聚集商贾人气。

10.3.4 畅通全球物流通道，聚集消费资源

加强全球布局，完善"通道+枢纽+节点"建设。一是在现有欧洲终到站的基础上，推进中欧班列与荷兰鹿特丹港、比利时安特卫普港等港口战略合作，拓展干线通道。二是增强与东北亚、东南亚重点机场、港口的连通度，加密日韩航线和开辟东盟新航线，完善辐射亚洲、连接欧美的国际航线，支持企业开通国际货运航线；推进国际全货机项目运营。三是持续加大俄罗斯和白俄罗斯货源组织力度，创新开展"班列+保税"业务。积极推进 TIR 国际卡航业务稳定运行。四是引进知名进、出口跨境电商平台落户沈大，集聚跨境电商产业链资源。扩大进境商品指定口岸，带动进口业务增量。五是加强与国内交通枢纽城市对接，完善货运系统布局，新建沈阳港中心站，形成现代高铁枢纽。六是构建沈阳都市圈城际环形放射状铁路枢纽格局，将城际铁路引入桃仙机场；完善高速公路、国省干道、农村公路三级公路网体系，北向扩容京沈通道，增设出海通道，连接公海运输。七是两市联合编制国家综合货运枢纽补链强链方案，打通沈阳至大连、营口、丹东等地出海通道，建设沈阳港连接沈大高速、沈丹高速的公路疏港通道和铁路货运专线，构建集陆路口岸、航空口岸、海港口岸"三位一体"的海陆空立体交通联运枢纽，一单到底、物流全球。八是发挥全国冷链物流节点城市的作用，完善城市配送基础设施网点和通道，推进城乡一体化高效配送，加快货物集散。

10.4　创建国际服务品牌提升消费品质

按照国际标准打造高品质现代服务体系，创建"沈大国际服务"品牌，增强重点领域的品牌建设能力，完善环境建设，凸显服务竞争力，打造特色鲜明、优势突出、品牌卓越的服务体系，实现消费品质升级，提升消费满意度。

10.4.1　做强生产性服务业，提升服务竞争力

（1）促进跨境投融资自由化、便利化

打造"辽宁自由贸易港"，分阶段推进跨境资金流动自由便利。重点围绕贸易投资自由化、便利化，有序推进外资金自由便利流动。进一步推动跨境货物贸易、服务贸易和新型国际贸易结算便利化。推动人民币跨境资金清算与结算。对企业在境外上市、发债等方面给予优先支持，简化汇兑管理。扩大金融业对内对外开放，支持建设国际能源、航运、产权、股权、期权等交易场所。构建活跃多层次的资本市场，拓宽多种形式的产业融资渠道，放宽外资企业资本金使用范围。创新科技金融政策、产品和工具。汇聚国内外基金形成融资成本洼地、创投高地。

（2）提高服务外包示范水平

不断壮大服务外包主体，调整ITO、KPO、BPO服务外包出口结构，向高附加值领域拓展，加速传统产业与服务外包融合，在设计、研发、维修等领域不断向高附加值的产业链两端延伸。扩大"一带一

路"合作伙伴的规模，推动丝路电商、软件、数字经济、高端制造业、战略性新兴产业、中医药等重点园区的技术和服务出口。

（3）推动信息消费

加强国际互联网数据专用通道推广应用，鼓励龙头企业建设工业互联网标识，解析二级节点。推进"5G+工业互联网"等场景项目。增加本地消费互联网平台的热度，突出本地官方媒体的资讯、培育本地直播、扩大网上宣传。加大大数据、云计算、物联网、移动互联网、人工智能的服务与交易。

（4）积极申办国家级、国际性高端品牌会展

围绕东北工业、自贸港、海洋渔业、海岛游、航运、软件、文创、服装、商贸以及重点产业，引进组展商和国外品牌展会进行巡展，做大做强中国国际装备制造业博览会、工业互联网大会、夏季达沃斯论坛，争办RCEP进口商品消费博览会等高端展会。建设"产研展贸"综合体，依托品牌会展项目，整合产业研发、设计、制造、市场等产业各环节，以会展产业综合体为平台，为行业上游制造商与下游采购商及消费者搭建交流交易平台。通过会展吸引全球技术资源与订单，倒逼本地企业技术迭代促进产业转型升级和产业落地转化。办大办好东北亚国际银发经济博览会、东北亚国际消费品工业博览会，将会展做成城市名片，提高区域产业的国际知名度，带动招商引资，创造产品溢价空间。

10.4.2　做精生活性服务业，体验国际化服务消费

（1）完善国际化生活保障

推动各类教育与国际化接轨，支持幼儿园、中小学、大学及以上

教育开办国际学校。发挥两市的医疗优势资源，打造高端医养+酒店模式，建设中医+康养社区，形成完整国际化康养服务。差异化发展国际化大都市的商圈和标志性的特色商业街，建立覆盖全省的市内免税店，空港购物休闲娱乐消费中心，在港口设立邮轮购物休闲综合体，完善国际化的生活配套。

（2）深化资源开发，突出品质提升

充分发挥沈阳历史文化、红色文化、工业文化、民族文化等资源，坚持项目引领，丰富历史文化游、工业文化游、乡村生态游、冰雪游等发展新供给，加大文旅项目的开发投资建设。深入挖掘大连海洋资源，提高海岸线消费功能占比，开发海岛旅游，滨海、温泉休闲度假，海洋运动。高标准建设国际邮轮母港，发展国际邮轮旅游及配套设施服务，着力于引入欧洲、美洲及太平洋地区航线的邮轮公司。

（3）创新营销推广，推动文体旅、节赛演融合发展

借鉴欧洲经验，开发设计省内外大环线周游线路，每个线路以一周时间为限，促进"一圈一带"与周边区域旅游信息交流与互动，实现大数据共享，提高跨区域执法、投诉处理效率，提倡服务标准、服务质量一体化，共同打造"一圈一带两区"高品质大环线周游品牌。

着力打造"国际沈大"品牌，强化"外事+"，主办海陆典型IP国际赛事，如马拉松、赛艇、帆船、"亚洲杯"足球、网球、台球、高尔夫、马术、自行车、电子竞技赛等，并扩展产业链条。引进独特节庆，如动漫节、电影节、时装节、音乐节、火人节等，增加城市的活力、魅力与吸引力，并以此为主题为大环线周游注入活力。

（4）推动"三品"战略，传承发扬本土"老字号"

支持"国家品牌精品培育计划"，推动"沈阳特产""大连礼物大

连名品""辽宁优品"项目建设。围绕两市特色产品和品牌老字号，提升品牌规划、运营服务、营销推广，结合地域历史文化，推出新品，打造品牌，讲好品牌故事，塑造品牌整体形象并进行商标注册和版权登记，取得产权保护。拓展交易展示、安全检测、溯源查询、统仓统配等功能，完善绿色食品、有机农产品、地理标志农产品等认证体系，推动两市"区域公用品牌"建设，提高品牌的价值。打造特色鲜明、品控能力一流的"辽货"名片，扩大"辽货"品牌影响力和知名度，推动本土产品打入国内外市场。

打造具有辽宁地域特色的"名菜、名厨、名店"系列。例如将一百零八道宫廷菜系，授权多家店经营，以加盟店形式创造国际影响，同时做成即食零售店，或者预制菜进入高端超市。培育推广大连特色海产品品牌，如大连虾夷扇贝、大连紫海胆等，打造大连国际海鲜品鉴中心。

10.4.3　做优综合服务平台，完善高端商务服务

根据外事活动、国际交流的需要，建设综合服务平台，提供一站式专业咨询服务。一是引进和培育国际注册会计师事务所，提高行业资质和服务水平，简化外资事务所设立审批流程，试点自贸区备案制准入；引入国际审计准则，如IFRS，以及质量管理体系，设立专项基金，资助国内事务所参与国际会计师联盟，如IFAC认证。二是引进和培育发展规范化、专业化、规模化、国际化的大型综合性律师事务所，搭建全球法律服务体系平台，培养国际化律师团队，保障客户在全球范围内迅速获得全面、高效的法律服务。三是建立多元化商事纠纷解决机制，提供国际商事仲裁、国际商事调解等多种非诉讼纠纷

解决方式。四是引进和培育具有国际视野的高端智库和专业咨询机构，实施国际化战略。

10.4.4　实施软硬环境工程，对标国际消费环境

一是对标国际化的营商环境，持续提高政务水平和效率，尤其是提升大连港进出港查验的效率。二是塑造国际化人文环境，高质量开展对外交流活动，推进国际友城建设，扩大国际交往影响力。调整城市功能布局，更新城市风貌，改造历史文化街区、城市消费功能区以及老旧商场、商业街、主题公园、星级酒店、旅游景区，塑造品牌文化IP版权及衍生品，外迁批发功能。持续创建全国示范步行街，打造国际消费商业街区，提升商圈交通效率、环境品质和城市友好性。三是坚持生态优先、绿色发展和城市美化建设。倡导绿色消费理念，建设提供绿色服务、节能减排、资源循环利用的绿色商场。开展绿色贸易试点，支持开展碳足迹标准研究，扩大绿色低碳产品进出口。鼓励新能源汽车、绿色智能家电消费，发展绿色低碳建筑。四是提高人员进出的便利化。针对高端产业人才，实行更加开放的人才和停居留政策，实行更加便利的出入境管理政策。逐步实施更大范围适用免签入境政策，逐步延长免签停留时间。优化出入境边防检查管理，为商务人员、邮轮游艇提供出入境通关便利。支持大连复制推广贸易投资和交通运输便利等政策。五是大力发展消费金融，建立政企联合的中小企业融资风险分担和补偿机制，持续建设信用卡受理环境、培育信用消费习惯。六是完善消费者权益保障，不断提升消费品的质检合格率，以标准化保障消费者合法权益。七是完善市场准入负面清单管理模式，以环保、卫生、安保、质检、消防等领域为重点，深入清理整

治各类市场准入壁垒，营造稳定公平透明可预期的市场环境。对促销活动、社区集市、户外展示、招牌设施设置等简化审批流程，实行线上即报即办。以跨部门联合方式提升监管抽查效率，对大众消费场所无事不扰。

10.5 创新高端供给提升消费能级

全面贯彻新发展理念，统筹内循环和双循环，深化供给侧结构性改革，稳步提高消费品流通效率，显著提升营商环境成熟度，形成与国际高水平经贸规则相衔接的消费制度体系。

10.5.1 树立城市消费新地标，激活消费新势能

一是沿城市主轴打造消费经济带，形成超级IP地标消费新高地。以打造国际化千亿商圈为核心，集聚高端消费活动，如城市发布会、首映式、启动仪式、首演、比赛等。二是沿海、河、港、岛、山扩大文旅娱乐消费产业带，发展海洋运动、邮轮旅游、海岛游、特色小镇、精品民宿、露营、休闲体育等融合新业态。三是布局大学城、高新区等活力集聚区，建立跨境消费、数字消费、时尚消费、文化消费、影视动漫等消费实验区，引领消费风向标。

10.5.2 争创文化创意高地，有效引导文化消费

建设"三地一所"文化创意高地，增加消费热点。

（1）打造文创内容生产基地，实现消费"平地"变"高地"

创建沈大区域专属IP，形成视听、短视频、直播领域新增长点，打造世界级数字文创IP孵化地、消费地。重点发展以数字化为主要特征的出版新业态，运营有影响力和竞争力的App，加快构建大宣传格局、大传播体系、大智能平台，打造集约高效的内容生产、消费体系和全覆盖传播链条。推进将先进技术成果应用于数字文创装备制造，打造数字文创装备制造重镇。探索"互联网+旅游"新模式，推进文旅融合IP工程，推出地标系列文创产品、城市形象推广二维码，不断提升游客对沈阳、大连城市精神的认同。

（2）争创国家文化贸易基地，促进文化消费规模

优化文创产品和服务结构。推动东北特色的文艺演出，以及中医药、满绣、辽瓷、辽菜非物质文化遗产走出去，占领东北亚辐射全球的文化贸易高地。依托辽宁自贸港，开展文物、艺术品、展览展示、交易与鉴定业务。加强与港澳企业合作，培育外向型文化企业，引进一批数字文创跨国公司地区总部、功能型总部企业。

（3）打造文化创意消费地，拉动消费新引擎

沈阳、大连拥有特色鲜明的文创产业园区，建在工业遗址上的特色工业文创园区、网红打卡地吸引着潮流人群。建设露营剧本杀、密室逃脱等多元化沉浸式主题娱乐场馆，推广"数字文创商圈"合作模式，实现线上线下相互导流，产生周边消费和溯源消费。

（4）激活文化产权交易所，推动文化交易

以产权为交易对象，构建综合性的文化产业要素市场。激活现有文化产权交易所，建立文化产权登记中心，对版权、IP、文物、非遗等资产进行统一编码与权属认证，引入区块链技术确保不可篡改；制

定《文化产权分类与评估标准》，明确艺术品、数字内容等细分领域的价值核算规则。设立线上文化产权交易所，支持版权授权、IP质押、文物份额化交易等模式，嵌入智能合约实现自动分账。布局线下实体交易节点，提供产权评估、法律咨询、融资担保一站式服务。

10.5.3　科技赋能消费创新，打造多元化消费市场

一是支持人工智能、5G通信、数字信息、场景交互、大数据采集分析、物流配送、流媒体平台等消费场景的技术创新。二是支持智慧商圈、智慧景区、智慧酒店的建设。三是推动智慧交通、无人驾驶等技术在商业领域进行试点示范。四是鼓励人脸支付、智慧公厕、机器人服务、当街退税、电子发票、智慧问询等便利化措施的技术创新。五是鼓励无人机、裸眼3D媒体幕墙、智慧照明、数字篝火等前沿技术以及虚拟文创IP等在商业节庆活动、消费氛围营造等方面的应用。六是创建民用无人驾驶航空试验区，加快低空物流网络建设，发展无人机配送。七是强化科技赋能生活性服务业，支持发展远程医疗、远程教育等线上服务消费，促进服务业数字化发展。八是推动数字文创高端供给。明确数字化方向，深耕数字技术，实施数字文创产品的高端化供给。形成"平台/场景+内容""知识产权（IP）+技术"的新兴商业模式；推动文化文物单位数据资源互联互通；通过电商销售、网络直播营销优秀数字文创产品，打造具有区域影响力的新消费策源地。

10.5.4　完善供给体系，深度释放消费潜力

加快优化供给结构，进一步改善供给质量，形成需求牵引供给、

供给创造需求的更高水平动态平衡。

（1）调整供给结构，提高供需适配性

沈阳、大连的城乡居民最终消费生产诱发系数较大的产业部门包括吃、穿、用、住、行等与日常生活密切相关的产业部门，尤其是对金融、教育、卫生和社会工作部门的刺激较大。大连加大对信息传输、软件和信息技术服务以及房地产部门的投入；沈阳加大对食品和烟草、农林牧渔产品和服务、住宿和餐饮部门的投入。提速消费刺激消费生产诱发系数大的产业部门，完善产业结构，加大政策倾斜和扶持力度，提升产业效能，将进一步提升消费能级。从两市制造业产品结构看，仍然是以中间产品为主，终端产品尤其是直接面向消费者的产品种类不多。应在产业与消费的良性互动上大力改善，培育具有较大本地消费市场的消费品工业，夯实产业基础，作为产地来推动产业发展。加大力度实施消费品以旧换新，推动汽车、家电、家装等大宗耐用消费品绿色化、智能化升级，支持换购合格安全的电动自行车，实施手机、平板、智能手表和手环三类数码产品购新补贴。推动二手商品流通试点建设，培育多元化二手商品流通主体，创新二手商品流通方式。

（2）改善消费需求，增强供需的协调性

提升享受型消费，扩大发展型消费，改善传统消费。做好消费分层，对消费群体进行分类、分级、分群，升级传统消费，扩大改善消费，创造高端消费，有针对性地对不同群体提供相应的消费服务。通过市场细分，激活潜在的消费需求。升级享受型消费领域，扩大发展型消费领域，持续改善人民的生活质量。目前，汽车、住房等传统消费增长乏力，但从最终消费的生产诱发系数上来看，农村居民的交通运输类消费生产诱发系数排名较高，且明显高于城镇居民；城镇居民房地产最终消费生产诱发系数排名高于其消费量排名。这表明农村居民的交通运输设备需求还远没有得到满足，城镇房地产有一定的刚需。因此，在汽车消费上既要关注城镇居民对质的提升需求，又要关注农村居民对量的提升需求。居民对新能源汽车、中高档汽车需求持续增加，汽车更新换代速度也在加快，为汽车产业发展拓展了新空间。此外，沈阳、大连开展汽车流通消费改革试点，拓展汽车改装、租赁、赛事及房车露营等汽车后市场消费。培育壮大二手车经营主体，持续落实二手车销售"反向开票"、异地交易登记等便利化措施。加强汽车领域信息共享，支持第三方二手车信息查询平台发展，促进二手车放心便利交易。同时，加大城市项目更新、城中村和危旧房改造、老旧小区改造和农村危房改造力度，为居民量身定制方案，充分释放刚需和改善性消费需求。新增的更高水平、更高质量的需求，对提升消费有很大促进作用。

（3）合理增加政府消费，加快释放消费潜力

政府消费具有普惠性、保障性、福利性与共享性的特征，对于扩大总体消费、保障社会公平具有重要作用。政府消费在宏观经济调控中具有显著的杠杆效应。数据显示，尽管政府消费支出总量相对有限，但其生产带动效应是居民消费的 1.5 倍，这种特性说明，政府在公共服务领域的消费投入增加，能够替代居民的教育、医疗等刚性支出，从而释放其潜在消费能力，产生消费升级的"挤入效应"。反之，若公共服务供给不足，将加剧居民对未来支出的不确定性预期，进而强化预防性储蓄动机，抑制当期消费意愿，产生"挤出效应"。为此，需优化财政支出结构，重点强化消费基础设施、新型消费业态

等领域的有效投资，特别是在教育医疗、职业培训、养老托育等民生领域加大预算支持力度，通过补足公共服务短板实现投资效能与消费升级的协同互促。

10.6　加强总部经济引领消费发展

总部经济是推进产业升级，提高国际知名度的重要路径。应充分发挥总部企业在产业聚集、消费升级、人才引进、资本汇集等方面的优势，加快助推新旧动能转换，增强经济实力。

10.6.1　形成总部经济大格局

一是重点引进世界500强、中国500强、中国制造业500强、中国服务业500强等头部企业在沈阳、大连设立总部或总部机构。积极吸引跨国公司和国内大企业大集团总部、第二总部落户。大力支持瞪羚企业、独角兽企业等高成长性企业向总部企业发展。二是积极拓展招商网络，以高水平开放平台做支撑，着力打造一批工业总产值超千亿元的经济技术开发区，加快中德（沈阳）高端装备制造产业园，中日（大连）、中韩、中俄等重点合作园区建设。高水平参与中日韩经贸合作和东北亚区域合作，巩固提升与东南亚等新兴市场的经贸关系，全面开拓RCEP成员国市场，深度融入共建"一带一路"，积极承接欧洲产业转移，以日本、韩国、德国及欧盟、中国香港地区为重点，围绕电信、文旅、会展等服务业重点领域积极开展精准招商活动，巩固东北亚经贸合作中心。

10.6.2　建设总部经济新体系

构建九大总部体系，提高国际知名度。一是现代金融总部。依托重点区域，发展金融科技服务、外包服务和金融业务流程外包服务，持续吸引国内外银行、证券、保险等金融机构设立法人总部或区域总部。二是现代商务总部。积极培育服务贸易、人力资源、教育培训等类型总部企业，加速形成功能完善、服务规范、与国际接轨的商务服务业总部基地。三是现代物流总部。以物流交通和产业优势为基础，完善空港、海港、铁路、公路物流配送体系，加快发展多式联运，加强引进区域物流总部，并设立东北区域性电商物流中心和公共仓储配送中心。四是创新研发型总部。在高新技术研发、5G技术、大数据应用、软件及信息服务、军民融合等方面，大力培育发展科技创新产业头部总部企业。五是健康医疗总部。推进生物医药和健康医疗创新型产业，重点发展互联网+医疗、生物医药、高端医疗器械、眼健康产业、细胞产业等细分领域，形成医药产业总部企业集聚区。六是食品加工总部。提高农产品、海产品精深加工水平，形成涵盖生产、销售、展示、体验全过程的食品加工产业链条，做强食品加工类总部企业。七是文体旅总部。大力发展邮轮旅游、工业旅游、冰雪旅游、研学旅游、康养旅游等服务产业链，引进培育一批总部企业，加大文旅项目投资。八是现代农业总部。围绕稻米产业链、海产品产业链、畜牧产业链、蔬菜产业链、水果产业链、花卉产业链，培育壮大一批农产品生产、加工类总部企业。九是航运总部。吸引跨国航运公司设立区域总部。创新港口管理体制机制，推动港口资源整合，拓展航运服务产业链，推动保税仓储、国际物流配送、转口贸易、大宗商品贸易、进口商品展销、流通加工、船舶维修、集装箱拆拼箱等业务发展，提高全球供应链服务管理能力，打造国际航运枢纽，推动港口、产业、城市融合发展。

第 11 章

新经济赋能消费升级

新经济的不断涌现和消费升级的需求，给城市转型带来了极大的挑战，沈阳、大连要以创新经济、业态融合、场景焕新、金融赋能为抓手，通过精准施策、消费动能转换，实现从新经济要素集聚到消费价值跃升的系统性突破。

11.1 创新消费场景激活商业活力

11.1.1 "场景驱动"构建沉浸式消费空间

推动传统商圈向"智慧化+体验化"转型。沈阳依托故宫、张氏帅府等资源，开发"盛京皇城光影秀""民国风情剧本杀"等沉浸式体验项目。在沈阳方城、大连青泥洼等核心商圈引入 AI、AR 虚拟试衣、全息投影导购等数字技术，打造"元宇宙购物街区"，实现线上预约、线下体验的无缝衔接。利用 VR 技术重现沈阳新乐遗址古代文明场景，开发大连老虎滩海洋公园"数字鲸豚互动秀"，通过虚实结合提升游客参与度与二次消费转化率，已显露出场景驱动消费的创新实践。

加速新技术与消费场景融合，构建数字消费生态，打造"数字驱动型"消费城市。一是建设直播电商产业带。在沈阳铁西装备制造集聚区搭建"工业品直播基地"，培育"硬核带货"主播；大连依托水产资源优势，打造"海鲜直播码头"，开发即时捕捞、冷链直送的一站式服务。二是拓展元宇宙消费场景。开发"盛京元宇宙"虚拟城市平台，用户可通过数字分身参与线上非遗市集、虚拟时装周。三是培育跨境社交电商。联合俄速通等企业开通"沈阳—新西伯利亚"跨境电商专列，建立俄语直播团队推广东北特色商品，建设满洲里边境仓提升物流时效。与银联国际合作推出"沈大购物卡"，境外游客可一卡畅享交通、购物、文旅等消费场景。优化跨境消费金融服务，在大连自贸片区开展数字人民币跨境支付试点，实现离境退税"秒到账"。

11.1.2　创新商业打造活力空间

通过"低效空间活化—新兴业态植入—复合功能再造"的三维策略，重构商业空间价值谱系。一是在存量空间轻资产运营方面，聚焦老旧厂房、废弃码头等低效载体，植入周期短、迭代快的模块化商业形态，如艺术家工作室、限时概念店，通过"文化策展+商业快闪"的混合模式激活碎片化空间经济价值。二是在公共空间功能叠合层面，以城市广场、滨水步道为载体，创新"外摆经济+"发展范式，拓展美妆定制实验室、可移动艺术装置等体验业态，利用智能伸缩篷房、模块化集装箱等设施实现空间弹性利用。三是实施"主题场景季"运营机制，结合二十四节气、城市记忆IP等文化元素，周期性轮换国潮手作市集、科技互动展等促进消费内容，形成"空间载体常变常新、消费体验持续迭代"的动态商业生态。这种空间运营模式的创新，既破解了传统商业体改造重资产投入的困局，又为城市存量空间赋予了持续增值的商业活力。

11.1.3　培育特色主题消费场景

一是依托工业遗产、物质与非物质文化遗产、山河湖海资源等，将历史文脉与商业空间深度融合，深度挖掘城市独特基因，构建差异化竞争优势。沈阳聚焦工业文明与历史文化资源，通过活化铁西老工业区，将废弃厂房转型为智能制造体验馆与工业主题夜游空间。依托沈阳故宫打造"盛京文化长廊"，开发数字剧本杀、VR换装等沉浸式清文化体验项目以及文创产品，实现传统文化遗产的现代转化。大连则放大海洋经济优势，在星海湾建设集成极地潜水、科技展览与海鲜工坊的"海洋未来城"，联动邮轮母港开发"海上丝绸之路"主题航线，创新"登船即出境"的免税消费模式。二是业态创新方面，沈阳棋盘山可打造24小时冰雪灯光秀与温泉夜宿项目，大连东港商务区试点跨海缆车夜航与海上音乐节，通过时空延伸释放消费潜能。此外，打造网红农贸市场新地标。借鉴伦敦博罗市场的经验，引进或培育国际化、特色化、多业态融合的品牌农副产品和现买现做的经营方式，塑造网红摊位，如西班牙海鲜饭、草莓巧克力杯、意式蘑菇饭等爆款，吸引国际客流打卡农贸市场，成为引领国际化消费的一个新地标。三是政策保障层面，设立东北亚消费创新基金支持技术应用，在自贸区试点跨境数据流动机制，制定主题场景建设标准，推动重点商圈获取国际可持续发展认证，最终形成具有全球辨识度的消费地标体系。

11.2 文体旅深度融合打造现象级消费IP

破解文体旅资源"散小弱"困局，以IP化运营推动产业链深度整合，塑造"辽文化、看大戏、造美景、嬉冰雪、入海潮、品辽菜、逛赛季、驻云端、浸虚境"等场景供给。

11.2.1 深度挖掘资源，创新IP供给

第一，文化是促进体育和旅游产业升级的精神内核，沈阳、大连急需培育优秀的创作团队，创造民族工业题材小说、影视剧，东北振兴、大国重器纪录片、劳模工匠纪实文学等，塑造"辽文化"品牌IP。举办相声、杂技、京剧、评剧、二人转、脱口秀、大马戏、焰火秀、无人机秀、赛马秀、锡伯族歌舞、旗袍秀、故宫"过大年"实景演出、十次东巡大型实景演出、飞行表演等高水平、多品类、常态化的演出，吸引游客来辽"看大戏"。通过郎朗等本地名人、艺人全球巡回展演等方式，吸引国际游客，积极推动物质文化遗产和非物质文化遗产的国际传播。第二，运动项目，赛事IP，包括赛事门票、转播权、冠名权、标志性产品，场馆设施是体育产业的核心资源。辽宁构建多层级体育赛事体系，"嬉冰雪、入海潮"高水准开发冰雪项目、水上项目；在空域、海域、冰雪、球类领域，创建类似"超级碗""欧洲杯"的国际IP；对现有的赛事IP要从细分领域做突破，对还没形成全球或全国的赛事领域，尝试与某些国家进行友好赛、邀请赛，打造"逛赛季"赛事IP。第三，围绕旅游景区、自然生态环境"造美景"，如沈阳"八景"，大连"赶海"等，并开发"品辽菜"IP。

11.2.2 整合场馆资源，创设新场景

第一，利用场馆开发旅游、休闲运动、餐饮、会展、沙龙、视听、影院、娱乐等业态，树立标志性网红打卡地，通过承办不同主题和风格的活动，用流量优势为新业态引流。以沈阳、大连等博物馆、纪念馆、美术馆较集中的区域为中心，在空间上聚合更多文体旅场

馆，筹建博物馆群。第二，体育场馆除了按照国际赛事高标准建设和升级场馆及配套设施外，还应为文化和旅游业态预留空间。观看"欧洲杯"的外地球迷，几乎都参与了欧洲的文旅项目，"皇家马德里"球场带动了体育旅游消费，成为旅游打卡地和明星运动服饰、纪念品商城，吸引游客购买球衣，并拍照打卡，通过自媒体传播扩大影响力。沈阳可申办冰雪汽车拉力赛、电竞国际锦标赛，大连依托足球城底蕴引入亚洲杯热身赛，配套建设赛事主题酒店、衍生品零售专区，延长观赛消费链条。第三，对于旅游景区而言，重点完善设施和配套建设，适合于满足对地点要求较高的各种场景的需要。借鉴挪威经验，在酒店建设室内滑雪训练场以消除季节变化的不利因素，提高入住率和消费。

11.2.3　文体旅融合锻造新产业链

文体旅高关联性延伸了产业链，通过资源共享、要素渗透、市场叠加，实现了产业链的横向拓展和纵向延伸。

（1）资源共享打造重组型产业链

强化资源的多场域耦合，形成文体旅共生资源、共生场景、共生市场，提高资源重组的效率。重组型融合是将产业价值链打破，找出核心环节进行整合重组，构建新的产业链。在旅游景区举办赛事或文艺演出，重新生成体育旅游、文化旅游新业态，构建新的重组型产业链。在体育场馆里举办竞赛表演、文艺演出、节庆活动，并通过媒体进行赛事转播、出版，形成传播平台。竞赛表演对文旅市场的拉动比例为1∶13，能够显著提升体育赛事的影响力，实现产业增值。在文化场所融入体育运动业态，能更好地满足多元化的市场需求。

（2）要素相融重构渗透型产业链

渗透型产业链是基于文体旅产业要素的有机整合，将旅游产业价值链融合了文化的生产与消费、体育赛事及训练等核心价值链环节的产业链。在大连滨海旅游景区开发水上实景演出，搭建影视基地，举办海钓节庆活动，建立帆船训练基地和游艇会等。文化产业以文化内涵、文化构思、文化形象渗透到体育产业和旅游产业中，通过提高体育产品、旅游产品或服务的品位，增强市场竞争力，同时文化传媒产业增强了体育和旅游的传播力和影响力。

体育产业能够突破旅游产业的客流瓶颈，形成巨大的体育旅游市场，如攀岩、高山滑雪、探险、海边冲浪以及蹦极等，创造了巨额的收益。瑞士每年接待滑雪旅游项目的国外游客高达1 500多万人，产值持续上升。近几年，体育旅游人次每年增长70%，人均消费高出普通旅游消费2倍以上。将冰雪运动、水上运动渗透到景区中，既联手解决了赛事的配套问题，还可以共享增值部分实现双赢。

（3）耦合与互补的延伸型产业链

文体旅产业存在天然的耦合性和互补性，通过产业链延伸创新附加功能。乡村成为文体旅产业延伸型融合的重要场景，以农业为基础，植入民风民俗、生态康养、文旅聚居、户外健身等业态，打造田园综合体、休闲体育绿道、文创产业基地、画家村、主题民宿等，叠加形成新盈利支撑点。

11.2.4 以平台为抓手，加速文体旅市场化融合

以市场需求为导向，建设文体旅平台总入口。充分利用"畅游辽宁"文体旅公共服务平台总入口，以平台为抓手，以需求推动市场自

动链接资源，走出一条文体旅高质量的融合发展新路。

拓展平台功能架构，构建"两翼"全方位服务体系。整合全域资源、集成全方位服务，以文体旅大数据为技术支撑，实现数字化运营，形成沈大全覆盖的文体旅服务体系。同时，集中文体旅政务服务事项，借鉴上海经验，塑造文体旅"一网通办、一网统管"的智慧化政务服务新形象。

丰富平台功能，实现"畅游辽宁"智慧服务。邀请阿里、百度、携程、美团、华为等互联网平台开展友好合作，实现对沈大全域文体旅资源的综合引流。同时，统筹两市现有平台，推动市场化自主融合链接。平台提供文体旅资源及活动资讯、客流大数据、智慧停车、购票、场馆预约、定制路线、选择导游、组团信息、订车、订酒店、咨询、购买特色产品、支付、天气预报等服务。通过数据互联互通，为消费者画像，进而满足个性化需求，实现国内首个高品质的智慧化文体旅全方位融合服务体系。设立消费升级引导基金，采用"母基金+子基金"架构，重点投资智慧商圈、冷链物流等基础设施；推出"消费REITs"试点，将中街、星海广场等优质商业资产证券化。

11.3 开发冰雪经济释放消费潜能

立足东北冰雪资源优势，加强冰雪旅游和运动项目开发，塑造冰雪产业链条，完善基础设施和配套服务，构建"冰雪运动+产业+文旅"立体化冰雪消费体系。

11.3.1 建设冰雪旅游和运动新场景

（1）建设一批冰雪主题高品质载体

建设一批冰雪主题高品质旅游景区、度假区，打造国际级冰雪综合体。沈阳建设浑南冰雪大世界，集成室内滑雪场、冰上剧院、极地温泉等业态；大连开发金石滩冰雪嘉年华，引入芬兰冰雪酒店设计团队，建设冰屋餐厅、雪地摩托赛道等特色项目。

启动实施冰雪旅游提升计划，延伸冰雪产业链条。与吉林、黑龙江共建"东北冰雪旅游走廊"，推出"大连—沈阳—长白山—哈尔滨"跨省冰雪专列，配套开发非遗剪纸冰雪文创、人参奶茶等地域特色商品。

（2）创新冰雪消费场景

组织开展冰雪消费季等促消费活动，支持冰雪资源富集地区建设高质量全球知名冰雪旅游目的地，丰富冰雪场地和消费产品供给。举办"国际冰雕艺术展"，开设冰雪灯光秀；开发企业定制化冰雪团建、青少年冰雪研学等细分产品，实现四季冰雪消费常态化运营。

以"冰雪+民俗"为主题，打造具有地域特色的冰雪体验新业态。依托冰雪资源禀赋，举办"国际冰雪民俗节"，深度融合满族剪纸、东北二人转等非遗项目。结合冰雪农耕研学营地，开展冬捕、雪地温室种植体验、冰雕果蔬艺术展、制作传统黏豆包等民俗手工艺活动，打造沉浸式冰雪民俗体验场景。通过冰雪艺术展、冰灯游园会、雪地秧歌等活动，联动冰雪夜游光影秀。

开发"冰雪+温泉""冰雪+研学"等复合型、创意型产品。设计冰火温泉池、雪地药浴、冬季中医理疗项目建设冰雪温泉康养综合体。改造传统民居为雪屋酒店、冰屋咖啡馆，融入东北火炕、铁锅炖等民俗体验，打造冰雪主题民宿部落。建设配套冰雪运动装备共享中心，提供滑雪板、冰鞋等租赁服务，开发冰雪文创街区、冰雪景区、乐园，设计娱乐项目、研学内容，推出特色冰雪IP及其衍生品，完善"吃住行游购娱"全链条服务。

推动"冰雪表演"赋能冰雪赛事。提升专业赛事能级，积极筹办亚冬会、冬奥会等国际级、国家级冰雪赛事。完善国际滑雪场、冰雪大世界等场地设施，增设夜间灯光雪道、冰雪露营区，常态化设置花样滑冰表演、冰上芭蕾等特色演出项目，创新"赛事引流+冰雪表演"消费新模式。打造大众化冰雪赛事。开展冰面竞速赛和冰上龙舟赛、雪地风筝挑战赛、冰钓公开赛，以雪地抽冰尜、爬犁接力赛等传统游戏为主的东北民俗冰雪趣味运动会，以及雪地徒步越野赛，形成"大众赛事+民俗体验"多层次赛事体系。强化基础设施配套，普及青少年冰雪训练营。提供国家队专业化冰雪运动训练场地，重点推进冰雪赛道、设备升级。

11.3.2 推动"冰雪运动+装备制造"全产业链发展

在高新区、开发区等产业园区内打造 "冰雪科创园"。园区提供免租场地、知识产权申报指导等孵化服务。推动企业与高校共建实验室，研发冰雪专用装备、运动产品，如造雪设备、超轻碳纤维雪板、冰雪服装等。强化冰雪场景与科技融合，研发智能滑雪模拟器、VR冰雪体验馆等，推动冰雪运动与娱乐设施迭代升级。

"冰雪运动+装备制造"，推动"冷资源"转化为"热经济"。沈阳、大连依托冰雪资源禀赋，规划建设专业化滑雪场、冰上运动中心及冰雪装备产业园，吸引滑雪板、防寒服等生产企业入驻。重点扶持滑雪场设备制造厂升级为"链主企业"，通过龙头企业带动本地机械加工企业转型为冰雪装备及零部件配套。与产业链上下游协同，吸引中国老牌冰上运动器材商黑龙冰刀（哈尔滨）、卡宾滑雪（北京）和全球前三造雪机品牌之一天冰造雪（河北）等入驻产业园，打造完善的冰雪运动装备产业链。

针对冰雪装备、适老化改造等领域开发"低息分期贷"，联合保险公司推出"购物无忧险"，降低新兴消费试错成本。

11.4　培育银发经济激活消费潜力

针对老龄化趋势，推进全社会适老化改造，支持沈阳、大连试点探索构建全生命周期适老消费服务体系。构建"银发产业+基本养老服务"的银发经济体系，将老龄化社会的劣势变为培育银发产业的优势，延长养老产业的上下游，形成银发产业链。围绕老年人衣食住行、文教娱乐、医护康养、金融服务等，为老年人提供各种产品和服务的生产、供给、消费以及衍生的经济活动，增强供给能力，健全产品和服务的标准规范，激活老年人的消费潜力。

11.4.1　培植银发产业，壮大银发经济规模

（1）升级养老服务新需求

围绕老年人衣、食、住、行、医等需求，鼓励沈阳、大连相关企业运用新技术、新生产工艺以及新型材料，着重研发契合老年人消费

与使用习惯的产品，特别聚焦老年服装、老年营养食品、老年文化体育用品、老年康复辅助器具、服务型机器人等产品的研发、生产与市场推广。

推动专业化养老服务产品生产研发基地建设，培育出一批产业链完善、覆盖领域广泛、兼具经济效益与社会效益的银发产业集群，全方位满足老年人多元化、多层次的产品与服务需求。

在老年用品商贸流通体系建设方面，积极打造一批以老年产品流通为核心、具备区域辐射力的大型交易市场，构建起覆盖城乡的老年用品仓储、配送及销售网络。倡导商圈内设置老年用品专属柜台、专卖店，同时搭建网上商城，促进老年产品流通、扩大销售。

建设适老化商业社区。在沈阳和平区、大连中山区试点"15分钟银发生活圈"，布局无障碍步行街、老年健身广场，引进日本永旺GMS模式，开设健康监测一体机、防滑家居体验区等适老零售空间。

（2）培育银发产业形成新供给

一是积极推进养老服务领域的供给，实施"养老服务"升级行动。支持养老服务与医疗、文化、旅游、餐饮、体育、家政、教育、养生、健康、金融、地产等行业领域融合发展，带动形成银发产业增长新引擎。积极推动养老服务上下游产业相配套的各类企业和平台建设，不断创新服务模式、改善服务体验、扩大养老服务有效供给，建立高水平养老服务细分市场。大力推动"旅居养老"业态蓬勃发展，推动沈阳、大连与省外城市签订旅居养老合作协议，着力打造纵贯南北、横跨西东、联动全国的"候鸟式"旅居养老新模式。

推进老年消费品创新发展。一是鼓励研发老年食品。引导相关企业加大投入，针对老年人的生理特点和营养需求，聚焦老年人的咀嚼吞咽能力、营养吸收状况等实际情况，研制出既安全又营养、既方便食用又美味可口的老年专用食品，丰富老年食品市场供给。二是推动发展特色中医药保健食品。鼓励中医药企业充分利用"药食同源"理念以及药膳的独特特色，积极投入研发资源，推动特色中医药保健食品的发展，满足市场对健康养生产品的需求，促进中医药文化的传承与创新。三是积极发展抗衰老产业，释放银发消费市场潜力，开发"医疗+康养"融合产品。依托中国医科大学、辽宁中医药大学、大连医科大学等研究资源，推出中医理疗套餐；与日本银发产业协会合作，引入认知症友好型餐厅等服务消费新业态。四是加强老年服装服饰创新设计，着力推动老年服装服饰在设计层面的创新突破，从款式、面料、色彩等多维度入手，贴合老年人身体特点与穿着需求，打造兼具实用与美观的服装产品，提升老年群体的穿着体验。充分考量老年人的生活场景与身体机能变化，对服装的版型、材质、装饰等元素进行优化升级，助力老年服装产业创新发展，激发老年服装市场新活力。

打造智慧健康养老新业态。一是拓展智慧养老场景。加速"互联网+养老"服务实施步伐，深化人工智能、物联网、云计算、大数据等前沿技术在养老服务行业的融合与应用实践，积极推广智能设备，如移动终端、可穿戴装置及服务机器人在家庭、社区及养老机构等多种养老环境中的集成运用，丰富养老服务形式，提高服务品质与效率。二是推动智能产品适老化。提升老年人智能技术运用能力，鼓励企业开发具有适老化特征的智能产品，开展与老年人日常生活密切相关的互联网网站、移动互联网应用适老化改造，持续优化老年人使用体验，同时开展老年人智能技术运用培训，提升老年人对信息技术产品的接受度。三是完善数据体系建设。构建健康养老大数据平台，完善包括居民电子健康记录、电子病历及老龄人口信息等在内的核心数据库。推动数据创新应用，实现健康状态的即时监测、趋势预测及筛查服务，增强对老年人行为特征的描绘、监测及安全防护的技术支撑。

（3）激发养老消费新动能

一是激励各大电商和零售企业经常举办丰富多彩的老年购物节活动，助力老年用品走进机构、社区与家庭。尤其在重阳节等关键时间节点，集中开展老年用品展示与销售，推动老年消费市场蓬勃发展。二是破解老年群体"数字鸿沟"障碍，着重扶持企业研制契合老年人使用习惯的数码手环、智能手机、平板电脑等科技产品。引导社区、养老机构以及老年大学开设针对老年人的智能信息技术培训课程，满足老年人日益增长的智能消费新诉求。三是探索通过发放养老服务消费券等方式，构建完善的养老产品和服务消费评价体系，确保消费者反馈渠道畅通无阻，营造出安全、放心的养老服务消费环境，充分调动老年人养老服务消费的积极性。四是搭建智慧养老服务平台，整合居家照护、老年大学课程预约等功能，通过发放消费补贴券激励银发群体线上消费。五是鼓励发展养老普惠金融，引领金融机构开发出兼具稳健性与收益性、贴合老年人客户群体的养老型理财、信托等金融产品，助力老年人增加财产性收入，提升老年人消费能力和消费信心。

11.4.2　推动医养结合，塑造银发产业集聚区

（1）推动银发产业集聚发展

建立银发经济产业园，打造完整银发产业链，培育一批带动力

强、辐射面广的银发经济龙头产业。打造生命健康产业集群、生物医药产业园区、中医药产业园，利用生物医药产业链图谱，重点吸引北京、天津、长春等周边城市的创新药物和医疗器械企业投资转化。

（2）打造生态化银发小镇

依托沈阳、大连医药产业、专业护理人才等优势资源，结合温泉、湿地、森林等自然生态资源，建设一批特色鲜明、配套完善的银发小镇，推动养老产业与旅游休闲、中医药、生态农业、绿色食品等产业融合发展，延伸产业链条。推动健康管理、康复疗养、中医养生、药膳食疗等健康服务业发展，建设一批森林式、田园式疗养院，打造高端医疗、养生养老目的地。

（3）建设中医药健康旅游示范基地

积极推动中医药产业与养老服务业相结合，支持养老机构开展融合中医特色的老年人养生保健、医疗、康复、护理服务。积极发展药食同源中药材种养殖及生产加工，支持知名企业研发保健产品。挖掘特色中医药养生文化资源，建设中医药健康旅游示范基地和中医药健康文化科普教育基地。依托产业园，推进中药材精深加工、现代中药材流通、药食同源保健食品研发，协同发展生态旅游，构建以健康养生为根本、生态旅游为特色、中药材和保健食品为支撑、一二三产业融合发展为基础的新型药食同源大健康产业体系。

11.4.3 拓展助老功能，激活养老服务消费

（1）丰富老年文体服务消费

丰富老年人精神文化生活、推动老年人参与社会文化活动，提升全市老年服务优质供给水平。一是加强老年开放大学建设，鼓励企业

参与政府项目或独立承办老年教育。二是推动适老化健身设施器材进基层、进社区，推进小型健身中心、体育公园建设。开展毽球、棋牌、乒乓球、广播体操等适合老年人的赛事活动。三是运用书画、歌舞、诵读等多种文艺形式，在全市及各县（市）区文化场馆、广场、文化站等公共场所，开展丰富多彩的老年文化活动。四是创新老年文化产品种类，根据老年人的身体状况、兴趣爱好、消费水平提供差异化的文化产品，满足老年人学习、交友、生活的不同需求。

（2）发展老年助餐服务

创建老年助餐品牌。培育老年助餐优质品牌，支持各类经营主体平等参与，享受优惠政策，鼓励创新发展适合本地实际的助餐模式，推广集中供餐，打造特色鲜明、示范效应突出的助餐服务示范点与品牌。

因地制宜推进老年助餐服务设施建设。将老年助餐纳入沈阳、大连"一刻钟居家养老服务圈"、便民生活圈。支持在养老服务机构、社区嵌入式养老设施、社区综合服务设施中增加助餐功能，设置集中"配送点""配餐车"，便利送餐进小区与老年人取餐。鼓励多元主体参与运营服务。鼓励企业参与建设运营助餐设施，推广"物业+养老+助餐"模式。鼓励餐饮企业、老年食堂提供餐食配送，互联网平台、物流企业利用物流网送餐。

11.5 抢抓首发经济话语权

首发经济具有时尚、品质、新潮等特征，是符合消费升级趋势和高质量发展要求的一种新经济形态，是一个地区商业活力、消费实力、创新能力、国际竞争力、品牌形象和开放度的重要体现。

在沈阳、大连发展"首发经济"，有助于激励企业研发，推动技术进步和产品升级，抢占市场先机，建立品牌忠诚度、提升知名度和美誉度，增强市场竞争力；有利于拉动社会消费，激发消费者对高品质、个性化产品的需求，尤其在高附加值产品领域，推动消费升级，带动消费增长，从而促进经济增长；有益于提升城市竞争力、国际影响力，塑造城市创新、时尚、国际化的形象。首发经济以首店、新品首发、首展、首秀活动为抓手，将塑造沈阳、大连消费潮流策源地功能。

11.5.1 制定首发经济标准体系

研究制定首店、首发、首秀、首展的地方标准体系，制定适用范围、评价标准、分级体系、监管机制，结合我省实际情况从品牌能级、创新性、消费带动能力、产业链协同效应等维度确定评价指标。以标准接轨国内外，尽快补齐短板，以评促建推动沈阳、大连首发经济快速发展。

11.5.2 强化首发经济能级

（1）建立四级首发体系与配套政策

建立"国际—亚洲—全国—辽宁"四级首发认证体系，并出台相应扶持政策，纳入省级消费促进基金。对四级首发活动给予包括场地租金补贴、快速通关（24小时极速审批）、跨境物流费用减免、带动产业、拉动经济效果、媒体传播效果等方面的专项奖励政策。引入第三方评估机构对首发经济能级进行动态评级，形成"申报—评审—扶持—考核"闭环管理机制，不断提高两市的首发能级。

（2）实施矩阵式商业载体空间布局策略

在沈阳金廊、大连东港等核心商圈打造"旗舰店生态圈"，重点引进和升级国际巨头设立东北亚旗舰店；在浑南新区、大连开发区等新兴区域布局"体验店集聚区"，配置全息投影、智能试衣等交互设备；在社区商业中心嵌入"首店快闪空间"，采取模块化店铺设计实现季度轮换。建立"旗舰店引流-体验店转化-快闪店测试"的三级市场渗透矩阵模型。

（3）进行全球首发地标功能强化工程

一是在沈阳万象城、大连恒隆广场等商业中心建设智能首发大厅，配备可变式舞台（48小时快速架构）、8K全景LED（360度环幕显示）、气味模拟系统等设施；大连恒隆广场增设跨境新品保税仓72小时到店、VIP直升机接泊坪。大连发挥沿海优势、面向日韩开放优势，依托免税店建设"国际消费保税首发中心"，打造海洋产品、日韩新品首发地。二是建立"新品数字护照"系统，消费者扫码即可获取产品溯源信息、设计师访谈等独家内容；开通外籍消费者专属服务通道，提供多语种私人导购、跨境物流代发等跨境服务。在自贸试验区试点"新品跨境直通"监管模式，允许未获国内批文的新品限量销售。

（4）制订首展首秀活动能级提升计划

一是打造"三展联动"体系。产业展，布局东北亚智能制造展，聚焦工业机器人、新能源装备等沈阳优势领域；时尚展，如黄渤海国际时装周，突出大连服装产业带优势；消费展，如中韩日美妆博览会，强化跨境美妆首发功能。二是创新"展购一体化"模式，在 LV、特斯拉等东北亚首秀中植入即时购买系统，观众通过 AR 眼镜扫描展品即可完成跨境下单，实现"即秀即买"。配套建设买手俱乐部，引入国际买手机构驻场，建立买手积分换购商业空间使用权机制，形成"首展引流—买手选品—商业落地"的价值链闭环。

11.5.3 培育本土品牌首发能力

通过设立"老字号创新工坊"，系统推进非遗技艺的现代化转化。一是联合故宫博物院食品研究所对清宫膳食档案进行深度挖掘，复原御膳工艺，融合现代健康理念开发"盛京御点"系列，运用 AR 技术实现糕点制作技艺的可视化传承，并接入故宫文创供应链进行全球分销。二是推动工业遗产价值重构，成立"机床文创实验室"，将沈阳机床数控车床进行微缩化艺术再造，开发设计国际水准的代表沈阳高端智造的文创产品，作为国礼向国际社会输出。三是作为沈阳新质生产力的代表，数字双面印刷技术通过国际一线品牌订单，实现了产品在巴黎时装周、米兰设计周、东京工艺大展等国际平台的首发首展首秀。

大连实施老字号创新转化工程。联合大连自然博物馆深度挖掘海洋文化基因，开发"海参文化体验馆"。通过 AR 技术复原清代海参采捕场景，游客穿戴 VR 设备可体验古法潜水捕捞过程；创新推出经典海参名品、名菜，通过扫码即可查看捕捞海域、加工工艺等全流程信息。通过引进东京国际食品展、新加坡亚洲海鲜博览会在辽新品首发，配套建立日韩跨境电商旗舰店，实现"老字号工艺+海洋 IP+食品消费"的国际化输出，为树立大连以海洋为主题的消费城市形象提供本土品牌支撑。

11.6 低空经济开拓消费新维度

抢抓低空经济政策机遇,构建"观光+物流+服务"产业生态。创新发展低空经济,开拓特色应用场景。

11.6.1 拓展无人机物流应用场景

支持国内低空物流行业领军企业进驻沈阳和大连,积极探索"无人机+智慧物流"落地,在两市开展城市无人机配送、城际无人机运输等物流方式。探索建设基于低空物流为主的低空城市保供体系以及与周边城市的货运无人机航线。

开发低空观光消费产品。在沈阳棋盘山、大连星海湾等多点布局直升机观光航线,推出"空中瞰故宫""跨海瞰大桥"等主题航班,配套设计限量版航拍纪念品、云端下午茶等增值服务。

11.6.2 加快建设低空智联网基础设施

根据两市区域内低空飞行活动和低空空域、航线划设的要求,在全市范围内分阶段推进北斗地面增强站、专用 4G/5G 通信基站、ADS-B基站、小型气象观测站等低空智能网联信息基础设施建设。研发低空空域资源精细化配给、运行间隔控制、飞行冲突自主避障、噪声控制等关键核心技术,实现市域低空飞行通信、导航、监视能力全覆盖。

11.6.3　推动物流降本提质增效

通过利用低空空域资源，以及应用无人机、电动垂直起降飞行器等低空飞行器，能够实现物流配送的精准化和高效化，大幅缩短配送时间，降低物流成本。低空经济的发展也推动了物流行业的智能化升级，通过结合人工智能、大数据和物联网技术，实现物流全流程的自动化管理和实时监控，进一步提升物流服务的质量和效率。在沈阳、大连试点生鲜药品"半小时达"服务，联合京东、顺丰建立无人机中转基地，在降低冷链物流成本的同时提升消费便捷度。

11.6.4　培育低空经济产业链

建立北方无人机智造基地。基于沈阳在航空领域的优势，在沈北新区由沈飞牵头，601所、沈阳航产集团联合建设无人机系统，进行空天飞行器及配套产品设计制造，打造全国重载荷无人机产业高地。

设立低空经济产业园，引入亿航智能等企业研发载人级自动驾驶飞行器。联合高校开设无人机操作培训课程，为消费级应用场景提供人才储备。

沈阳、大连建设国际化消费中心城市，是新时代东北全面振兴的战略抉择，更是辽宁构建"双循环"新发展格局的关键落子。用区域性国际消费中心城市和特色型国际消费中心城市的定位，焕发两座城市的百年工业积淀与海洋文明基因，便能在当下赋予两市厚重历史使命，沈阳以"东北亚国际化中心城市"承载着硬核制造基因重构消费供给，大连以"东北亚开放门户"的胸襟重塑消费流通格局，二者共同演绎着老工业基地从"生产主导"向"消费引领"的范式跃迁。

在这场深刻的城市变革中，我们既看到了沈阳故宫的文化IP与智能机床的工业美学碰撞出新的消费火花，也见证了大连建设邮轮母港的汽笛声与海洋牧场的渔光曲交织成蓝色的经济乐章。这不仅是城市能级的重塑，更是中国消费版图在东北亚的价值重构。当沈阳的碳纤维雪板亮相米兰设计周，当大连的即食海参礼盒登陆东京银座，"沈大双城记"在RCEP框架下奏响了消费的协奏曲，一个更具活力、更可持续的消费生态体系正在形成。

未来之路，需以制度型开放破局要素流动壁垒，以数字革命重构消费时空边界，以文化自信培育全球消费话语权。沈阳与大连，当以"创"的锐气、"闯"的胆识、"融"的智慧，在东北亚消费版图中刻下辽宁坐标，让工业文明与海洋经济共舞，让历史记忆与未来科技交响，让每一处消费场景都成为讲述辽宁故事的窗口。

这不仅是两座城市的涅槃之旅，更是中国式现代化进程中"北方解法"的生动实践。当沈阳机器人开启消费创新的场景，当大连的软件引领服务消费的潮流，东北亚消费枢纽的崛起将不再是一个愿景，而是新时代东北全面振兴最铿锵的答卷。

主要参考文献

[1] 吴军，夏建中，克拉克 T. 场景理论与城市发展——芝加哥学派市研究新理论范式 [J]. 中国名城，2013（12）：8-14.

[2] 上海市商务发展研究中心. 国际消费中心城市全球化视野的比较与评估 [M]. 上海：上海人民出版社，2022.

[3] 陶希东. 上海建设国际消费中心城市的成效、问题与对策 [J]. 科学发展，2020（11）：39-46.

[4] 汪婧. 国际消费中心城市：内涵和形成机制 [J]. 经济论坛，2019（5）：17-23.

[5] 魏颖. 新时代我国国际消费中心城市建设思考 [J]. 产业创新研究，2020（1）：14-19.

[6] 周佳. 国际消费中心城市：构念、规律与对策 [J]. 商业经济研究，2021（14）：42-45.

[7] 列斐伏尔 H. 空间的生产 [M]. 刘怀玉，等译. 北京：商务印书馆，2022.

[8] 藤田昌久，蒂斯 J F. 聚集经济学：城市、产业区位与全球化（第二版）[M]. 石敏俊，等译. 上海：格致出版社，2016.

［9］ 库兹涅兹．现代经济增长［M］．戴睿，易诚，译．北京：北京经济学院出版社，1989．

［10］ 卢卫.试论消费城市［J］.消费经济，1986（4）：34-38．

［11］ 刘涛，王微．国际消费中心形成和发展的经验启示［J］.财经智库，2017（4）：100-109，141-142．

［12］ 王微.从供给侧建设国家消费中心城市［J］.经济，2021（9）：80-84．

［13］ 王蕊，何志浩．国际消费中心城市建设政策对双循环新发展格局构建的影响研究［J］.西部经济管理论坛，2024（4）：54-66．

［14］ 关利欣．顶级世界城市的消费中心功能比较及其对中国的启示［J］.中国经贸，2022（7）：30-38．

［15］ 刘元春，张杰．聚焦国际消费中心城市建设［J］.前线，2021（5）：89-92．

［16］ 黎传熙．"双循环"背景下协同层消费中心城市建设探析——以粤港澳大湾区为例［J］.惠州学院学报，2022（4）：61-67．

［17］ 王小林，王效梅．国际消费中心城市建设的经济辐射效应探析［J］.商业经济研究，2023（23）：71-74．

［18］ 刘司可，路洪卫，彭玮．培育国际消费中心城市的路径、模式及启示——基于24个世界一线城市的比较分析［J］.经济体制改革，2021（5）：70-77．

［19］ 陈滢．国内外国际消费中心城市特点及对天津的启示［J］.城市，2023（1）：47-54．

［20］ 赵苒琳.国际消费中心城市建设路径优化研究——基于老年人居民感知调查［J］.商业经济，2023（10）：34-36．

［21］ 彭刚，李超．推进高质量经济发展 构建高水准国际消费中心城市［J］.金融博览，2022（1）：33-35．

[22] 于洋，朱建平、郭华生. 新战略背景下城市经济发展状况测度研究——基于融合社会网络的实证分析［J］. 统计研究，2021（3）：30-43.

[23] 李名梁，康文哲. 天津加快培育建设国际消费中心城市的挑战及应对策略［J］. 求知，2023（3）：47-49.

[24] 冉光和，李涛. 基础设施投资对居民消费影响的再审视［J］. 经济科学，2017（6）：45-57.

[25] 张小英. 国际消费中心城市评估指标体系构建及广州建设方案研究［J］. 城市观察，2022（3）：21-36.

[26] 周振华，张广生. 全球城市发展报告 2020 全球化战略空间［M］. 上海：格致出版社，2021.

[27] 张伊娜，方晓斌，展蓉，等. 聚力双循环引领新消费 高起点建设上海国际消费中心城市［M］. 上海：上海人民出版社，2022.

[28] 单纯，丁绒. 抢滩信创蓝海 粤港澳大湾区数控的应用发展现状及对策研究［M］. 北京：电子工业出版社，2023.

[29] 朱灏，彭宁. 大湾区国际科技创新中心的北进南出建设路径思考［J］. 社会科学前沿，2023（5）：2123-2131.

[30] 黄庆华，向静，周密. 国际消费中心城市打造：理论机理与现实逻辑［J］. 宏观经济研究，2022（9）：5-18，32.

[31] 国家统计局国民经济核算司. 2020年中国投入产出表［M］. 北京：中国统计出版社，2022.

[32] TABUCHI T，YOSHIDA A. Separating urban agglomeration economics in consumption and production［J］. Journal of Urban Economics，2000，48（1）：70-84.

[33] FLEISHER B，LI H Z，ZHAO M Q. Human capital，economic growth，and regional inequality in China［J］. Journal of Development Economics，

2007, 92 (2): 215-231.

[34]　WALDFOGEL J. Preference externalities: an empirical study of who benefits whom in differentiated product markets [J]. Rand Journal of Economics, 2003, 34 (3): 557-568.

后 记

　　为贯彻落实习近平总书记关于东北全面振兴的重要讲话精神，沈阳大学"辽宁省科技创新发展重点新型智库"，承担了辽宁省2023年决策咨询和新型智库专项研究课题"关于推动沈阳、大连国际消费中心城市建设的对策研究"。程巍教授执笔的《关于加快沈阳、大连创建国际消费中心城市步伐的对策建议》，刊发在2024年《咨询文摘》第24期，得到辽宁省委书记、沈阳市委书记、大连市委书记、分管副省长的肯定性批示。

　　本书由沈阳大学程巍教授负责整体框架设计并完成7万字主要内容，钟琼和程丞分别完成6.9万字、3万字，多位学者为本书提供相关支持。本书的出版得益于省委、省政府决策咨询委员会重点课题的立项，在此表示由衷感谢。同时，感谢东北财经大学出版社编辑老师的辛勤劳动。

　　本书虽然经过了作者的认真思考和辛苦付出，但难免有疏漏，敬请批评指正。

作 者

2025年4月